KB079054

건축이란 무엇인가

건축이란 무엇인가
The Canon of Architect

우리 시대 건축가 열한 명의 성찰과 사유

승효상

정기용

조성룡

김인철

김영섭

민현식

이종호

김준성

김종규

이일훈

김영준

열화당

도판 제공

김영섭 p.73

김용관 pp.120–121, p.138

김재경 pp.32–33, p.34, p.35, p.36, p.38, p.39, p.45, p.49, p.72,
　　　　pp.74–75, pp.78–79, p.83, p.115, p.163, p.167

김종오 pp.102–103

김태오 p.106, p.112, p.116

무라이 오사무 pp.14–15, p.17, p.18, p.19

문정식 pp.132–133, p.134, pp.136–137

민현식 p.98, p.100, p.101

박영채 p.54, p.55, p.56, p.57, p.58, p.59, p.67

아사카와 사토시 pp.22–23

이기환 p.83

이일훈 p.142, p.143, p.146, p.147, p.149, pp.150–151,
　　　　p.152, p.153

정영욱 p.158

히로시 코노 p.169

Seung Kwon p.128, p.129

인류가 역사를 시작한 이후 지금까지 명멸한 수많은 직업의 종류 중에서 가장 오래 된 직업을 꼽으라면 건축은 단연코 선두에 있다. 앞으로 세상이 어떻게 변하든, 우리의 삶이 존속하는 한 건축이라는 직능이 없어지는 것을 생각하기란 참으로 어렵다.

미국의 철학자 존 듀이는 우리 존재의 안정과 지속을 표현하는 데 모든 예술 활동 가운데서도 건축은 가장 절실히 필요한 일이라고 말한 바 있다. 하이데거의 말을 빌려도 우리가 존재한다는 것은 거주한다는 것이며 이는 바로 건축 속에 거한다는 것을 의미한다. 즉 건축은 우리의 삶과 불가분의 관계에 있으며 나아가 우리 삶 자체라는 것이다. 우리 삶이 귀한 만큼 건축도 귀하고 귀하다.

그러나 오늘날 우리 한국인이 가지고 있는 건축에 대한 관념은 어떤가. 대개는 건축(architecture)을 건물(building)과 혼돈하여, 건축이 가지고 있는 사유의 가치에 대해 무지하거나 건축의 형이상학적 생산과정을 간과하고 단순한 시지각의 대상으로서 혹은 물리적이고 기능적 시설로서만 인식하고 있다. 수없이 많은 서양의 철학자들이 건축을 빌려 사유의 형식을 설명하건만 우리에게 건축은 철학의 동의어는커녕 유사어도 아니며 파생어조차 아니다.

그 경우는 그래도 나은 편이다. 건축을 사고 파는 부동산적 가치로만 이해하는 일반화한 사실이 여간 절망스럽지 않다. 그러니 집이라는 것을, 한 가문이 경영되는 공간이 아니라 잠시 기거하면서 되팔아 보다 큰 집으로 옮겨 사회적 지위향상을 도모하기 위한 투기적 재화로 여기니, 이러한 건축 속에 삶이 묵직하게 축적될 리 만무하여 투기의 볼모처럼 된 우리 삶은 그래서 항상 단말마적이며 파편적이고 만다.

너무도 쉽게 집을 짓고 너무도 쉽게 허무는 이 땅은 온통 투기장이며 공사판이니, 언제 우리는 우리 존재의 안정과 지속을 보장받는 굳건한 건축을 가지게 될 터인가. 아마도 우리의 사회가 여전히 불안하고 갈등하는 것은 이 불안정한 건축환경에 근거하고 있기 때문인지도 모른다.

이렇게 된 연유를 따지자면 결국은 건축을 만들어내는 건축가에게 그 일차적 책임이 있음을 부인하지 않겠다. 이 땅은 지금도 여전히 세계에서 가장 활발한 건축시장이다. 그러나 이렇게 많은 건축물량이 쏟아져 나오면서도, 부끄럽지만 고백하건대, 한국건축은 세계 건축계에서 여전히 변방으로 취급받는 것도 사실이다.

그 까닭이 여럿 있겠지만, 내가 보기에는, 이 땅 이 시대에서 활발한 활동을 전개하는 건축가 대부분이 바른 직능을 도외시하고 과도한 물량 공급에 휩쓸려 타성적이 된 건축 생산에만 몰두하거나 스스로 격을 낮추어 건축주의 하수인이 되어 버린 것이 크다. 이들은 기득권을 무기로 괴기한 법령과 관습의 보호 속에 서서 대부분의 중요하고도 큰 프로젝트들을 점령하며 생산하는 한국 현대건축의 주류이다. 그들에게 한국건축의 담론 형성은 관심 밖이며, 그래서 변변한 담론 하나 만들지 못하는 그런 건축이 세계 속에 독창적 입지를 만들 수 없는 것은 당연하다.

심지어 요즘, 공공기관이나 국가단체마저 그나마 국내 건축가를 제외하고 외국 건축가에게만 거대 프로젝트의 설계를 의뢰하는 데까지 이르러 한국 건축가를 외국인의 하수인으로 삼게 하니, 그들의 건축문화에 대한 몰이해와 분별 없는 사대의식이 여간 분한 게 아니지만, 따지고 보면 그게 건축가들이 자초한 결과여서 무거운 자괴감을 숨길 수 없다.

담론을 형성하지 못하는 건축가, 이들을 신뢰하지 않는 클라이언트, 건축을 만드는 두 주체가 이렇다면 우리 사회에 건축은 결단코 문화로서 존재할 수 없게 된다. 계약서에 '갑'과 '을'의 관계로 등장하는 건축주와 건축가는 불신을 근거로 관계를 맺으며 불행을 전제하기 마련이다. 여기서 잉태되는 결과는 선천적 기형이기 쉽다. 그 기형적 모습을 호도하는 거짓 부호와 허무한 장식 속에 담기는 우리의 삶은 결국 일그러지고 붕괴될 것이라는 예감은 불길하지만 사실 아닌가.

나는 여기에 저항하기로 했다. 오래 전부터, 내가 감당키 어렵지만, '빈자의 미학' 같은 어휘를 내세우며 감히 내 건축의 지표로 삼고 나를 찾는 모든 건축주에게 이를 설명하고 그 가치를 공유하려 해 왔던 것이다. 참담한 결과가 나올 때도 있었지만 성공하기도 했다. 비아냥을 받기도 했으나 개의치 않았다.

이는 곧 건축계 내의 인구에 회자되었고 건축계 외부에까지 알려지게 되었으니, 나는 급기야 그 틀 속에서 벗어나면 질타를 당하게 되었다. 말하자면 나는 나의 건축작업 이전에 내 건축관에 대해 잠재적 클라이언트인 대중이 반응하는 것을 본 것이다. 놀랍고 감사한 것은, 그후에 나의 생각을 환호하고 공유하고자 하는 이들이 클라이언트로서 나에게 등장하게 되었다는 것이다. 동지적 관계가 형성된 것이다.

나는 내 생각을 확인하고 새롭게 할 필요가 언제나 있었다. 비록 파행적인 한국 현대건축의 현장에서 비주류로 몰려 있으나, 척박한 현실과 대립각을 줄곧 세워 온 몇몇의 선배와 동료 건축가들은 나보다 더욱 각성하며 우리의 보다 나은 미래를 위해 악전고투하고 있었다. 이들은 모두가 나의 참 좋은 선생이어서 나는 결코 외롭지 않았다. 모순되고 열악한 우리의 현실을 가슴으로 부둥켜 안고 건축하는 그들이 보여주는 생각과 담론은 항상 나에게 큰 자극제였으며 내가 돌아가야 할 지점이었다. 이들 가운데 몇 분이 이 책에 글을 올린 건축가들이다.

몇 년 전, 『월간미술』로부터 건축에 관한 에세이를 연재해 달라는 의뢰를 받았다. '건축이란 무엇인가'라는 직설적 주제로 건축계 외부에 건축에 관한 이해를 증진시킬 목적으로 일 년간 나 혼자서 쓰라는 것이었다. 나는, 명징한 논리체계를 가진 다른 건축가들의 담론들이 공유되는 게 척박한 우리 건축사회에 더 긴요하다는 이유를 대며 나에게 가해진 이 큰 부담을 피해 버렸다. 그러나 좋은 판단이었다.

그래서 같은 지면에 같은 주제를 겨냥한 건축가들의 사유의 내용을 이토록 들추어 놓게 된 것이다. 『월간미술』의 연재는 일 년의 시한 내에 완결하려 했으나 여의치 않아서 햇수가 거듭되고 말았고 시일이 경과한 그 내용들을 현재의 시점에 저자들이 다시 다듬어 모은 것이 이 단행본이다.

글결이 물론 고르지 않다. 개성적인 각 건축가들이 작업하는 내용만큼 서로 다 다르며 주어진 주제의 해석도 다르다. 더러는 건축 일반에 대해 쓴 이도 있고, 더러는 개인의 특별한 건축개념에 대해, 또는 특정 작업에 대한 속내를 드러내어 주제를 해석하기도 했다. 그러나, 나의 몹쓸 글을 제외한 모든 글마다, 우리의 일그러진 시대를 반추하며 가슴 깊숙한 곳에서 올려지는 울림을 확인할 수 있다. 읽는 이들이 그 내용에 동의하든 동의하지 않든 그 울림은 소중한 소리며, 더구나 우리의 척박한 건축현실을 떠올리면 참으로 귀하고도 귀하다. 소망하기로는, 이 분들의 소리가 널리 공명되어 보편성을 획득하는 것이다. 그런 보편적 가치 위에 굳건히 선 건축으로, 그 속에서 우리의 진정한 삶을 회복하고 아름답게 지속될 수 있길 원한다.

글쓰기를 주저하는 건축가들을 부추겨 결국 예정했던 모든 글들을 나오게 한 『월간미술』의 인내함과 집요함에 경의를 표하지 않을 수 없다. 감사한 일이다. 단편화해 사라질 것 같았던 그 글들이 다시 묶여서 이토록 아름다운 책으로 나오기까지는 열화당의 우리 건축문화에 대한 뜨거운 애정이 그 바탕이었음을, 잘 안다. 삼가 머리 숙여 감사한다.

2005년 10월
이로재에서 저자들을 대표하여 승효상이 쓰다

차례

영조(營造) 승효상

나는 건축이 우리의 삶을 바꾼다고 믿는 자이다. 우리가 늘 하던 말로, 부부가 같이 오래 살면 서로 닮는다는 것도, 한 공간에서 오랜 세월을 보낸 까닭에 그들의 삶이 그 건축의 규율을 같이 학습하며 그 공간의 지배를 받아 습관도 바뀌고 결국 얼굴 생김도 닮아 간 결과라고 생각하는 것이다. 수도하기를 원하는 이가 외딴 곳의 작고 검박한 공간을 찾아 떠나는 것도 그 격리되고 탈속한 공간이 자신의 분심을 억누르고 오욕칠정을 지배하기를 원함이다.

윈스턴 처칠도 1960년 『타임(Time)』과 회견을 하면서 이런 말을 했다. "우리가 건축을 만들지만 그 건축이 다시 우리를 만든다.(We shape buildings thereafter they shape us)" 바꿔 말하면, 좋은 건축은 좋은 삶을 만들지만 나쁜 건축은 나쁜 삶을 만들 수밖에 없다는 것이다. 물론 좋고 나쁨이 화려함과 초라함에 있는 게 결코 아니다. 오히려 화려한 건축 속에서는 삶의 진실이 가려져서 허황되고 거짓스러운 삶이 만들어지기 쉬우며, 초라한 건축에서 바르고 올곧은 심성이 길러지기가 더 쉽다.

비록 그 건축의 효능이 우리가 즉각적으로 느끼기 어렵도록 더디지만, 건축은 우리의 삶을 확실히 바꾸면서 우리의 인격체를 완성하는 데 절대적인 영향을 준다. 그래서 건축은 우리에게 참으로 중요한 것이다. 그렇다면 좋은 건축이란 어떤 것이며 나아가 건축이란 도대체 무엇일까.

건축, 사유의 기록 '건축(建築)'은 일본인이 그들의 근대 개화기였던 메이지 시대 때 만든 말이라고 한다. 그 전에 그들은 '조가(造家)'라는 단어를 건축 대신에 쓰고 있었다. 그러나 나에게는 건물이 아니라 한 집안을 만든다는

'조가' 라는 단어가 물리적 운동만을 뜻하는 '건축' 이라는 말보다는 훨씬 나아 보인다. 세우고 올린다는 육체노동의 이 '건축' 이라는 뜻으로는 오묘한 우리의 삶을 지배하게 되는 건축을 설명하지 못한다.

영어의 '아키텍처(architecture)' 가 '건축' 이라는 뜻보다는 조금 낫다. 으뜸이나 크다는 뜻의 'arch' 와 기술이나 학문이라는 뜻의 'tect' 라는 그리스어에 어원을 둔 이 영어 단어를 직역하면 '원학(元學)' 또는 '큰 기술' 이 된다. 얼마나 건축이 중요하고 크면 그리 불렀겠는가. 심지어는 기독교의 조물주 하나님을 뜻하는 단어가 정관사를 붙인 '디 아키텍트(The Architect)' 로 기재될 만큼이니 대단한 직업이었음에 틀림이 없다. 그러나 이 단어도 건축의 중요성을 강변하는 데는 적합하더라도 건축을 본질적으로 설명하는 데는 좋은 단어가 아니다.

우리 선조들은 건축이라는 말 대신 참 좋은 단어를 사용했었다. 한자말이긴 하지만 '영조(營造)' 가 그것이다. 우리말로는 '지어서 만든다' 는 뜻이다. 그렇다, 집은 세우는 게 아니라 짓는 것이다. 밥을 짓고 농사를 짓고 시를 짓듯이 집은 지어서 만드는 것이다. 짓는다는 뜻은 무엇인가. 어떤 재료를 가지고 생각과 뜻과 마음을 통하여 전혀 다른 결과로 변화시켜 나타내는 것이다. 단순한 물리적 운동의 결과와는 그 방법과 과정이 다르며 근본적으로 사상이 다르다.

그렇다면 물리적 행위가 아니라면 집을 짓는다는 뜻은 무엇인가. 바로 '삶의 시스템' 을 만드는 것이다. 즉 '사는 방법' 을 만드는 것이 건축이라는 뜻이다. 건축의 평면도라는 그림은 이를 분명하게 설명한다. 집안에서 일어남직한 행위들을 추정하여 그 행위를 담는 공간을 정하고, 그 사용자의 수를 예측하여 크기를 결정한 후 기능별로 그 순서를 정해 조직하면 기초적 평면도가 된다. 그 공간들의 관계를 놓고 건축가가 개개 공간의 긴밀도와 의미를 부여하여 이를 정해진 방법으로 그리면 평면도가 완성되며, 이 평면도 속에서 살게 되는 우리는 싫든 좋든 그 평면 조직의 규율을 학습하며 적응해

승효상, 대전대학교 혜화문화관, 충남 대전, 2002. (pp.14–15)
평지가 부족한 캠퍼스 · 계곡 속에 건물을 묻고 고원 같은 새로운 땅을 만들어 비운다. 계곡은 건물 가운데의 깊은 마당을 통해 재구축되어 아래의 새로운 기숙사 마당과 연결된다.

나간다. 예컨대 생리작용을 해결하기 위한 공간인 변소도 옛날에는 불결한 곳으로 간주하여 집의 뒤켠에 두고 뒷간이라고 불렀지만, 요즘의 주거에서는 평면도의 가운데에 배치되면서 이름도 화장실로 바뀌어 버렸다. 오랜 세월 안방이나 건넌방, 문간방같이 거리를 둔 위치에 따라 불렸던 우리 옛집들의 공간이, 1970년대 집장수 집들을 통해 거실이나 식당, 침실 등 목적을 갖는 방으로 바뀌면서 기능과 편리를 강조한 끝에 우리의 삶도 급격히 서양화가 되어 버린 현대 주거사를 기억하면 이해가 갈 것이다.

평면도는 보는 그림이 아니다. 읽는 그림이다. 그것은, 평면도를 선으로 이루어진 도형으로 감상하는 것이 아니라 그 속에 적혀 있는 건축가의 사유를 읽어내야 그 평면도에 표기된 삶의 조직을 알 수 있기 때문이다. 건축가의 그림은 그의 사유를 어떻게 잘 나타내느냐에 그 가치가 있다. 그리는 기술에 소질이 있어 건축을 한다면, 오히려 그 소질은 그의 사고의 과정을 방해하고 농도를 흐리게 할 뿐이다. 다시 말하면 건축가의 그림은 그의 사유에 대한 기록이 되어야 하며, 그 그림이 전문적 언어로 나타난 것이 건축가의 도면이다. 따라서 건축가가 그림에 소질이 있어야 할 이유가 없다. 단지 그

승효상, 수졸당, 서울, 1992. 거실에서 마루가 깔린 마당을 내다본 풍경. '빈자의 미학' 이라는 어휘를 건축적 화두로 삼고, 한국의 도시주택 유형 탐구를 통해 이룬 건축이다.

**승효상, 수백당,
경기 남양주, 1998.**
기능적이고 목적적인
방의 이름을 가지게 된
우리의 현대주택에 비해
옛집은 안방, 건너방,
문간방 등 위치에 따른
이름으로 거주인의
의지에 의해 쓰임과
풍경이 정해졌다.
'자연공간에 던져진
내부공간의 집합과 목적
없는 방들의
주택'이라는 생각으로
작업한 교외주택이다.

**승효상, 웰콤시티,
서울, 1999.**
도시건축이 가져야 하는
우선가치는 공공성이다.
뒤의 주거군과 앞의
도시가로는 이 건축을
통해 연결되며, 이
건축은 프레임으로서
존재한다. 지워진
볼륨은 비움으로서
도시의 소통을 이루며
선한 기억을 남기게
한다.

는 그의 생각을 글로 쓰듯이 약속된 기호와 선으로 적어 나가면 된다. 어떻게 보면 그에게 필요한 것은 오히려 문학적 소질이지 예술적 기예가 결코 아닌 것이다.

흔히들 건축을 공학으로 분류하거나 예술의 한 부분으로 간주하는 것이 나는 못마땅하다. 이는 건축이 가진 작은 속성을 오해한 결과라고 여긴다. 물론 건축에서 기술은 중요한 부분이다. 사실 20세기 들어 전개된 기술의 시대에서는 기술에 대한 표현이 건축의 중요한 목표인 적도 있었으며, 눈부신 기술 개발을 통해 우리의 삶이 개혁된 바가 크기도 하다. 이 기술의 속성은 항상 진보와 발전을 목표로 한다. 그런데 문제가 '이 진보된 기술의 건축 속에서 우리는 더욱 행복한가' 하는 데에 이르면 심사는 복잡해진다.

고대 이집트 시대에 있었던 노동자들을 위한 집합주택이나 초고속통신으로 모든 설비를 조정할 수 있게 된 현대의 원룸 아파트 주거의 평면 구조를 비견하면 그다지 달라진 게 없다는 데 놀라움을 표할 것이다. 조선시대의 선비가 살던 집의 평면을 잘만 모사하면 우리의 현대생활을 더욱 윤택하게 하는 놀라운 현대주택을 가지게 될 것임을 결코 의심하지 않는다. 기술의 진보가 우리의 삶을 그 비례대로 진보하게 하는 것이 아니라는 것이다. 오히려 우리의 삶은 때때로 퇴보해 버린 경우도 허다하며, 오늘날 기술의 발전이 몰고 온 가정과 사회의 분쟁과 갈등의 여러 병리현상이 이를 증거하고 있다. 기술은 건축과 다른 것이며, 다만 우리의 삶의 시스템을 때때로 편리하게 하고 굳건하게 하는 가치를 지닌 하위의 개념이다.

건축예술이란 말은 애초에 없던 말이다. 이를 테면 오스트리아 빈에 훈데르트바서(Hundertwasser)라는 미술가가 아파트를 지어 화제가 된 적이 있다. 완성된 지 십수년이 지난 지금까지도 많은 관광객을 모으는 그 건물이 과연 건축의 가치가 있는 것인가. '예술적'이라고 평가받는 이 건물이 예술일지는 몰라도 건축으로서의 가치는 별무이다. 이 건물은 그 공동주택의 거주민을 위한 특별한 제안을 하지도 않고 있으며, 주택의 내부구조 또한 건축가

승효상, 최가철물점 쇳대박물관, 서울, 2002.(p.19)
가로의 건축들이 순식간에 바뀌는 대학로의 가볍고 정체불명한 풍경에 중량감을 더하기 위해 철 덩이를 놓았다. 그 속은 작은 길과 마당이 하늘로부터 내리는 빛과 함께 작은 거리를 이룬다.

로서의 새로운 삶의 조직을 만들어 놓고 있지도 않다. 옆의 아파트의 주거형식과 차이가 전혀 없음에도 불구하고 단지 외벽을 어지러운 색채와 장식으로 그래픽함으로써 많은 사람들의 시선을 붙잡고 있을 뿐이다. 그 장식과 색채가 그 속의 삶의 시스템과는 아무 연관을 맺지 못한 채 그 벽면들은 하나의 도시적 스케일의 그림이 되어 칙칙한 빈의 거리를 화려하게 만들고 있는 것이다. 이런 것은 건축이 아니다.

건축의 외형은 그 속의 삶의 시스템이 포장된 상태이다. 따라서 외관이나 모양은 그 시스템을 그대로 나타내는 것이 가장 좋다. 건축의 중요성이 오브제로서가 아니라 환경으로서의 가치로 더욱 고양되어 가는 오늘날, 건축의 외관은 부차적인 것이며 평면의 조직과 그 공간적 표현에 종속된 작업인 것이다. 그러나 아직도 이 입면을 오히려 건축의 목적으로 잘못 판단하여 건축을 시각적 상징과 기호로서 취급하는 예가 수도 없이 많다. 더욱 가관인 것은 건축을 일종의 조형예술로 착각하고 있는 것이다. 이런 건축 속에 참다운 삶이 만들어지기는 거의 불가능해 보인다.

우려되는 일은, 기술과 예술에 빗댄 건축에 대한 이러한 그릇된 관점으로 잘못된 건축교육제도를 만들어 바른 건축가를 기르는 일에 실패해 왔다는 사실이다. 이제는 건축대학이 홀로 독립하여 생기기도 하지만, 불과 몇 년 전까지만 하더라도 건축은 항상 공과대학이나 예술대학에 속해 있는 게 전부였다. 공대의 커리큘럼에 건축을 집어넣는다거나 예술대학에 꾸역꾸역 집어넣어 공학도로서 혹은 예술인으로서의 자질 향상을 위해 교육하면서 바른 건축가를 양성한다는 것은 망상일 수밖에 없다. 굳이 건축을 다른 학문의 분류에 넣는다면 인문학에 가깝다. 문학적 상상력과 논리력, 역사에 대한 통찰력, 그리고 사물에 대한 사유의 힘이, 이웃의 삶에 대한 애정과 존경 속에 작업해야 하는 건축가에게는 필수불가결한 도구들이기 때문에 그러하다.

지혜의 건축, 지혜의 도시 그렇다면 좋은 건축이란 어떻게 지어야 하나. 나는 이를 위한 세 가지의 기준을 가지고 있다.

첫번째는 합목적성에 대한 문제이다. 즉 그 건축이 소기의 목적과 기능을 잘 표현하고 있느냐는 것인데, 학교는 학교다워야 하고 교회는 교회다워야 하며 집은 집다워야 한다. 무덤으로 쓰였던 피라미드를 흉내내어 음식점을 한다든지, 민주적 의사결정을 목표하는 의사당이 봉건적 건물 형식이 된다든지 하는 것은 그 건축의 목적에 위배되는 결과이다. 이는 그 건축이 수행해야 하는 프로그램을 다른 것으로 위장한 것으로, 오독을 초래한다. 다시 말하면, 그 건축이 가진 프로그램에 대한 이해가 더욱 적확히 표현될수록 좋은 건축이 될 가능성이 높아진다. 이러한 건축만이 장구한 세월을 지탱한 후 훗날 그 속에 담겼던 생활 자체가 고고학적 가치를 지니게 될 것이다.

둘째는 시대와 관련이 있다. 건축은 대단한 기억장치이다. 건축을 가리켜 '시대의 거울'이라고 일컫는 만큼 건축을 통해 우리는 그 건축이 지어졌던 사회의 풍속과 문화를 알 수 있다. 고고학자들이 고건축지를 발굴하고 환호하는 까닭도 그 시대의 상황을 정확하게 복원할 수 있는 기회를 얻었기 때문이다. 즉 시대의 문화적 소산이 건축인 것이며 따라서 그 시대에 가장 적합한 공법과 재료와 양식으로 지어야 바른 건축이 된다. 초고속 정보화 시대를 사는 우리가 초가나 기와집을 다시 짓는다든지 하는 것은 옛 건축에 대한 학습이나 전시 대상으로는 가능하겠지만, 그 집은 어디까지나 선조들의 창작품을 흉내낸 박제이다. 19세기말 소위 세기말의 위기에 처한 유럽의 건축과 예술의 지식인들이 모여서 그 위기의 시대를 구하고자 빈 분리파 운동을 일으켰다. 오토 바그너(Otto Wagner) 같은 당대의 건축가뿐 아니라 구스타프 클림트(Gustav Klimt), 구스타프 말러(Gustav Mahler) 등 그 시대의 문화를 주도한 지식인들은 새로운 시대의 도래를 직감하며 구시대와 결별을 선언하고 새로운 예술운동을 전개하기 시작했다. 그들은 빈 시내에 그들의 새로운 작업들을 선보이는 전시관을 세움으로써 자신들의 신념을 실천했다.

승효상, 메타폴리스:
대장골 시범주거단지
마스터플랜,
경기 성남, 2004.
기능과 계급 가치의
바탕 위에 건설되어 왔던
메트로폴리스에 대한
반성과 함께 새로운
시대의 새로운 삶의
형태를 구축하기 위한,
성찰적 도시에 대한
삼천 세대 주거의
마스터플랜.
메타폴리스라는 어휘는
프랑수아 아셰의
도시문명에 대한 책
『메타폴리스』에서 땄다.

요제프 마리아 올브리히(Josef Maria Olbrich)가 설계한 이 빈 분리파 전시관의 머릿돌에는 다음과 같은 글이 새겨졌다. "그 시대에 그 예술을, 그 예술에 그 자유를.(Die Zeit Ihre Kunst, Die Kunst Ihre Freiheit)"

세번째는 건축과 장소의 관계이다. 건축은 반드시 땅 위에 선다는 것을 전제로 한다. 이 점이 건축을 다른 조형예술과 구분하게 하는 중요한 요소이다. 예컨대 조각이나 그림은 작업실에서 제작되어 전시장이나 다른 공간으로 이동하여 설치할 것을 목표하는 것이며 여러 곳을 전전하기도 한다. 물론 때로는 조각도 땅과 관계를 맺는 것이 중요할 때가 있다. 그러나 그때의 조각은 조각이라기보다는 다분히 건축적인 입장이 된다. 건축은 현실의 땅과 항상 불가분의 관계일 수밖에 없다. 이 사실이 건축을 규정하는 가장 중요한 핵심이 된다. 이 현실의 땅은 홀로 존재하지 않으며 다른 땅들과 붙어 특별한 관계를 맺는 까닭에 땅마다 모두 고유한 성격을 가지고 있다. 또한 이 땅들은 오랜 세월을 그 자리에 있어 온 까닭에 장구한 역사의 흔적을 기록하고 있기도 하다. 즉 이러한 공간적 시간적 성격이 하나의 땅의 특수한 조건을 만들고, 그런 지리적 역사적 컨텍스트를 가지게 된 이 땅을 우리는 '장소' 라고 부른다. 이 장소의 성격을 제대로 반영한 건축이 바른 건축이 됨은 불문가지이며, 이러한 건축의 집합이 한 지역의 전통문화를 만드는 것이다. 당연히 미국과 한국의 집은 달라야 하며 서울과 부산의 집은 다른 형식이 되어야 한다.

어떻게 생각하면 건축은 집을 짓는 것으로 끝나지 않는다. 오히려 집은 하부구조이며 그 집 속에 담기는 우리들의 삶이 그 집과 더불어 건축이 된다. 그러하다. 우리의 삶을 짓는다는 것이 건축의 보다 분명한 뜻이라는 것이다. 이러한 좋은 건축의 목표는 무엇일까. 당연히 우리 인간의 삶의 가치에 대한 확인이다. 우리들의 선함과 진실됨과 아름다움을 날마다 새롭게 발견하게 하는 건축이 참 좋은 건축임에 틀림이 없다. 성경의 잠언에 이런 말이 있다.

"집은 지혜로 말미암아 건축되고 명철로 말미암아 견고히 되며, 또한 방들은 지식으로 말미암아 각종 귀하고 아름다운 보배로 채우게 되느니라."

건축은 우리의 삶이 지혜를 통과하면서 지어져 나가는 것이다. 이를 손으로는 결코 세울 수 없을 것이다.

반복과 차이로서의 건축 정기용

가설 건축이란 무엇인가. 그것은 말하는 주체에 따라 다르고 주체가 소속된
시대에 따라 다를 수밖에 없다. 다시 말하면 누가 어떤 관점에서 무엇을 강
조하려는가에 따라 달라질 것이다. 그리고 '건축'이라는 용어 속에 어디까
지를 포함시키고 어떤 것을 배제하느냐에 따라 달라질 것이다. 뒤집어 이야
기하자면, 건축에서 배제하는 일람표를 만들면 역으로 건축은 이런 것이라
고 정의해 볼 수 있을 것이다. 그렇게 되면 문제를 너무 범주화하고 분류의
문제로 귀결시킬 위험이 있다. 그런데 문제는, 건축을 정의내릴 수 있는 수
단이 개념화한 언어의 배열에 그칠 수밖에 없는 한계를 넘어설 수 없다는 것
이다. '거주한다는 것'은 언어로 이행되는 것이 아니라 건축화한 공간에서
인간의 삶이 전개되는 일체의 상호관계이기 때문에, 그것을 설명하거나 기
술하는 것은 가능할지 몰라도 명쾌한 정의를 문자로 표현하는 것은 불가능
해 보인다. 왜냐하면 지금 우리가 사용하고 있는 언어 속에서 건축(建築,
architecture)이란 말이 내포하는, 혹은 내포한다고 가정하는 것에 많은 한계
가 보이기 때문이다. 특히 현대사회를 특징짓는 대중문화시대에 건축의 의
미는 혼동스러워 보이기 때문이다. 따라서 우리는 건축을 어떤 시대에 어떤
관점에서 바라보건, 지속되는 그래서 변치 않을 속성을 가정해 볼 수 있겠
다. 그래야만 이 시대에 건축이 어떤 변화의 과정에 있는지 가늠해 볼 수 있
을 것이기 때문이고, 또한 그렇게 바라봄으로써 지속되어 온 건축의 가치를
논의해 볼 수 있기 때문이다.

현상학적 논의 인류의 역사를 관통하며 변치 않는 것 중 하나는 사람들이 거
주한다고 하는 행위다. 사람들은 다른 곳이 아닌 지표면 위에, 또는 땅 위에

모로코 우아르자자트
오아시스 부근에
위치한 사막의 집.
최초의 방, 최초의 집.
최소한의 재료로
최대한의 문화를 사막
위에 만든다. 그래서
건축은 위대하다.

그들의 삶을 지속시키기 위하여 각 지역의 조건에 따라, 혹은 그를 극복하
면서 물질들을 조합하고 적절히 배열하여 공간을 만들어 그 속에 거주했다.
거주한다는 것은 기본적으로 생존을 충족시키는 것만이 아니라 세계 내의
존재로서, 우주의 질서까지 동시에 구축하는 것이다. 즉 거주한다는 것은
세계 속에 자신의 출발점으로서의 중심을 잡는 일이다. 자기 자신을 세계와
연관하여 제일 먼저 얻어지는 참조점은 어린 시절을 떠올리며 '가정'이나
'주택'과 결부하게 되는 사실이며, 그 경계를 넘어서는 것은 훨씬 나이가 든
후다. 중심을 갖는다는 것, 그것은 인간의 주변에 펼쳐지는 미지의 세계, 무
언가 두려움을 불러일으키는 세계와는 대조적으로 이미 알려진 것을 밝혀
준다. 중심은, 인간이 생각하는 존재로서 그 공간 속에서 위치를 획득하는
점, 즉 인간이 공간 속에서 머무르며 생활하는 점이다. 이럴 때 비교적 안정
된 실존적 공간에 대한 이야기야말로 바슐라르(G. Bachelard)나 볼노(O. F.
Bollnow), 그리고 하이데거(M. Heidegger)가 강조하는 것이다. 인간과 공간
은 분리할 수 없으며, 공간은 외적인 대상물도 내적인 체험도 아니다. 인간

과 공간은 따로따로 생각할 수 없는 것이다.

즉 하이데거가 말하듯 "살 수 있게 될 때 우리는 비로소 세울 수" 있으며 건축해야 우리는 그 속에 거주할 수 있는 것이다. "거주란 실존의 본질적 특질"인 셈이다. '거주할 줄 알아야 건축할 수 있으며 건축적 공간을 통해서 인간은 비로소 거주하는 것을 완성한다' 는 말은 건축의 본래적 의미가 건축물의 외적 '형상성'이나 '이미지'에 있지 않음을 강조하는 것이다. 건축은 인간이 자연 속에서 구할 수 없는 것을, 거주하기 위해서, 세계 내에 존재하기 위해서 구축하는 최초의 행위인 셈이다. 즉 인류는 말하기 시작하면서 건축해 왔고, 우리는 사실상 '건축'이라는 말보다는 '집짓기'라는 말로부터 온갖 종류의 건축문화를 실현시켜 온 셈이다. 집으로부터 분화된 건축은 신의 집도 짓고 죽은 자의 집도 만들었으며 궁전과 공장과 사무실과 기차역과 백화점과 비행장도 짓게 되었다.

모로코의 우아르자자트 오아시스 근처에서 만난 자그마한 흙집은 우리가 집이라고 말할 때 떠올릴 수 있는 최소한의 것, 즉 집의 원형 같아 보인다. 또는 작열하는 태양빛 아래 구할 것이라고는 모래흙밖에 없는 사막에서, 사람들은 거주하기 위해 사방에 흙벽을 세우고 최초의 방을 만들고 한귀퉁이를 비워 마당을 만들었다. 빛은 마당 안으로만 열린 창을 통해 은은히 실내로 들어오고 밤에는 두툼한 벽체가 냉기를 막아 주며 마당 위로는 별들이 쏟아져 내린다. 바깥 세상과는 오직 하나의 문으로만 연결되어 있는 이 집은, 그 집에 거주하는 사람의 우주 속 좌표다. 장식이나 거주자의 부가적인 치장이 절제된 사막 위의 작은 집은 그 자체로 위대해 보인다. 그것은 전통이나 문화나 기술을 이야기하기 전에 마주하는 건축의 순수함이며 거주의 실존적인 모습이기도 하다. 이렇게 최초의 방과 집은 안과 밖의 경계를 확연하게 결정짓도록 공간을 분할하고 거주하기 위한 만큼의 속성에 따라 구축하면서, 그 결과로서 삶을 담는 그릇의 형상이 완성된다. 이때 이것을 우리는 비로소 건축이라고 말할 수 있다. 건축이 필연적으로 삶을 조직하는 최

**정기용, 구인헌,
강원 영월, 2000.
(pp.30–31)**
구인헌은 흙을 소재로 한
주말주택이다. 건축은
자연에 삽입되면서
자연을 더 자연답게,
건축을 더 건축답게
한다. 막연한 조화가
아니라 대결하는 긴장
속에 건축이 땅 위에
존재하는 힘을 얻는다.

**정기용,
어린이도서관,
제주, 2000.
(pp.32–33)**
동네 스케일에
맞으면서도, 길게 남측
정원의 빛을 고르게
도서관 안으로 실어
나른다. 건축은 어디를
얼마만큼 열고, 어디를
닫는가 하는 문제이기도
하다.

소한의 것이라면 건물은 생존을 위한 수단이나 오브제라고 말할 수 있다.
건축과 건물의 차이는 마치 정신과 물질의 차이만큼이나 큰 것이다. 예전에
는 스스로 거주하기 위해 건축을 했다면, 이제는 팔기 위해 더 매력적으로
보이게끔 하고, 아니 더 많은 돈을 벌기 위해 건물을 생산하는 시절이다.
문자가 발명되고 책이 발명되고 사진과 영화가 발명되면서 이제 본질주의
적인 건축은 빛이 바래고 있다. 오직 건축가들만이 외로운 투쟁을 하고 있
는 셈이다. 물론 모더니즘 이후 많은 건축가들이 변화하는 시대에 맞추어
새로운 건축적 담론을 탐색하고 건축의 개념을 확장하려는 노력을 게을리
하지 않고 있으며 도처에서 흥미로운 시도들이 진행되고 있으나, 기본적으

로 '거주한다' 는 정주(定住)의 개념이 흔들리는 현대사회에서, 인간이 인간이기를 거부하기 시작하는 21세기에도 여전히 우리는 실존적 의미의 건축만을 거론할 수 있을까. 존재가 내맡겨진 광장에는 무엇이 흔들리고 있는가.

매체가 된 건축 빅토르 위고의 『노트르담의 꼽추』에는 "이것은 저것을 죽이리라(Ceci tuera ceci)"라고 말하는 대목이 나온다. 여기서 '이것' 은 문자이며 '저것' 은 돌로 된 건축이다. 견고하게 돌로 만들어진 건축이 책 속에 씌어진 문자에 의해 서서히 사라질 것임을 암시하고 있다. 책이 발명되기 이전과 이후의 건축이 달라질 것을 예언이라도 하듯이 말이다. 앞서 말한 것과 같이 지금 건축이라는 단어로 소통하기 어려운 문제의 핵심에는, 건축을 말할 때 모두가 완벽히 소통할 공통된 이미지의 약속이 깨졌다는 사실이 자리잡고 있다.

건축가들이 말하는 건축마저 다양한 이 시대에, 온갖 매체를 살아온 사람들과 함께 건축을 정의하기란 어려워졌다. 더욱이 현대사회를 특징짓는 대중문화시대에, 건축과 건설을 혼동하고 있는 이 땅에서, 거주하기 위해서라기보다는 아파트에 당첨되기 위해서 줄을 서는 것이 가족의 행복을 위한 것이

정기용,
어린이도서관(정면),
순천, 2003.
공원 끝자락에서 건축은
필연적으로 외부와
관계를 맺으며 서로서로
풍경의 일부를 이룬다.

정기용,
어린이도서관(후면),
순천, 2003.
건축은, 바라보는 것도
사용하는 것이다.
길 건너 초등학생들은
건너편 어린이도서관을,
투명한 책꽂이와
탐험하고 싶은 바위의
형상을 한 그들의
도서관으로 바라본다.

되어 버린 시대를 사는 사람들에게 건축은 도대체 어떤 의미를 갖는 것일까. 상품 고르듯 '모델하우스' 앞에서 자기 집을 꿈꾸며 돈 계산을 해야 하는 우리에게, 집은 더 이상 거주하는 곳이 아니라 복권이 되어 버렸다. 사람들은 더 이상 동네에 살지 않으며 현대나 삼성과 같은 대기업 이름 속에 살고 있으며, 자기 삶을 사는 것이 아니라 면적을 살고 있는 것은 아닌가!

건축에 대한 대중의 경험은 광고나 선전에만 의존하고, 온갖 잡지와 영화나 텔레비전에서 마주치는 건축과 관련된 이미지들은 시각에만 호소하고 있다. 이런 현상의 중요성을 베아트리츠 콜로미냐(Beatriz Colomina)는 그의 역저 『프라이버시와 공공성』에서 잘 드러내고 있다. '대중매체로서의 근대건축'이라는 부제가 말해 주듯, 저자는 근대건축의 두 거장인 르 코르뷔지에와 아돌프 로스(Adolf Loos)의 주택 작품들을 통해 근대건축과 매체 사이의 전략적 관계의 흔적을 쫓고 있다. "건축가들 자신의 작품은 거의 대부분 사진이나 인쇄매체를 통해 알려져 왔다. 이는 건축생산현장의 변형을 전제하는 것으로, 건축의 생산은 건설현장만을 점유하지 않으며 점점 더 건축출판, 전시, 잡지와 같은 비물질적인 현장으로 옮아가고 있다. 이러한 것들

리카르도 보필, 아브락사스의 서민용 임대 아파트 '극장'. 스페인 건축가 리카르도 보필은 흔히 건축에서 고전의 어휘와 대중주의를 적절히 현대판으로 결합한다. 아파트 '극장'에서 외곽은 성채와 같이, 중정은 무대와 객석같이 배열하여 단조로울 수 있는 집합주거에서 자기 정체성을 만들려고 시도했다.

은 건물보다 훨씬 더 찰나적 매체라고 추측되지만, 역설적으로 훨씬 더 영구적이다." 다시 말하자면 건축의 소비는 물리적 공간에서보다는 오히려 비물질적인 매체를 통해 더 많이 수행되고 꿈꾸게 된다는 말이다. 발터 벤야민(Walter Benjamin)도 얘기했듯이, 우리는 건축이 현실에서보다는 사진으로 훨씬 더 쉽게 포착될 수 있다는 사실을 알고 있다. 그러나 실내는 사진으로 쉽게 포착되지 않으며, 신체 오관으로 체험되지 않은 건축은 이해될 수 없다. 그리고 사람들은 건축의 진면목을 감각으로 체험하는 것에 거부감을 갖고 오히려 개별적 취향에 더 관심이 큰 듯하다.

디욱이 "지금 모든 경계는 변하고 있다. 이 변화는 어느 곳에서나 명백해진다. 도시에서는 물론 도시의 공간을 정의하는 모든 기술, 즉 철도, 신문, 사진, 전기, 광고, 철근 콘크리트, 유리, 전화기, 영화, 라디오, … 전쟁에서도 그렇다. 각각 내부와 외부, 공과 사, 밤과 낮, 깊이와 표면, 여기와 저기, 가로와 실내 등등 사이의 옛 경계를 붕괴시키는 메커니즘"(베아트리츠 콜로미냐, 『프라이버시와 공공성』)들이 다문화적 양상과 혼재되면서 오직 믿을 수 있는 것은 건축이 아니라 매체 그 자체가 된 것이다. 즉 건축은 매체이면서 동시에 메시지인 셈이다. 이런 현상을 잘 알아차린 건축가들 중 스페인 태생의 건축가 리카르도 보필(Ricardo Bofil)은 파리 교외 신도시 마른 라 발레의 서민용 아파트를 '극장(theâtre)'이라고 명명하고 주민들을 배우로 등장시켰다. 건축은 배경이고 매체이며 밤낮으로 사람들이 등장한다. 거주하기보다는 서로 구경하며 건축가가 연출한 무대에 선다. 보필은 거주하는 공간이 하나의 특정한 장소가 되기를 바란 것이다. "주거의 구조는 근본적으로 하나의 장소의 구조이기 때문이다."

건축이 매체로 전락했다기보다 중요한 것은 우리가 건축에 무엇을 실어 보내는가 하는 메시지에 있다. 궁극적으로 노버그 슐츠(Norberg Schultz)가 『실존·공간·건축』에서 말하고 있듯이, "우리가 직면하고 있는 환경문제는 기술적 경제적 사회적 혹은 정치적인 성질의 것이 아니다. 그것은 인간

정기용,
스페이스 C(코리아나 박물관)의 전경과 옥상 정원, 서울 신사동, 2002.(pp.38-39)
코리아나의 '스페이스 C' 건축은 잊혀진 강남의 옛 땅을 기억(반복)하려는 뜻에서 '근원의 땅'과 '서 있는 정원'이라는 이름으로 세워졌다. 옥상 정원인 명상의 방은 한순간의 빛, 바람, 물과 교감시키는 매개공간이다.

적인 문제이며, 인간의 동일성을 유지하기 위한 문제다." 결국 우리는 다시 거주하는 것의 진정한 의미를 배워야 하는지도 모른다.

장소로의 회귀 거주한다는 것은 머무르는 것이다. 아무리 세상이 질풍노도와 같이 휩쓸고 지나간다고 하더라도 '내가 있다' '당신이 있다'고 하는 것은 나와 당신이 거주한다는 것을 의미하며 거주한다는 것은 실존의 기본적인 원리다.

따라서 우리는 거주하기 위해서 건축을 필요로 하며 그때 건축은 동시에 우리가 다시 회귀할 장소를 만들어 준다. 건축은 거주하는 곳이며 또한 우리가 우리 내면으로 되돌아오는 곳이다. 결과적으로 우리에게 부족한 것은 좋은 건축, 좋은 장소에 대한 직접적인 체험과 교감이며 기억이다. 좋은 건축

토로네 수도원의 회랑. 프랑스, 12–13세기.(오른쪽) 절제와 사색으로 신을 섬기는 수도승들에게 회랑의 교차하는 빛과 그림자는 하늘의 선물이다. 회랑의 찬란한 빛은 수세기의 세월 동안 켜켜이 쌓인 시간으로 더욱 빛난다.

아스플룬드(E.G. Asplund), 우드랜드 묘지 화장장의 유족 대기실 안에서 내다본 풍경, 스웨덴 스톡홀름, 1940. 대기실 안에서 유족들은 창 밖을 향해 내면의 슬픔을 어루만진다.

르 코르뷔지에, 투레트 수도원의 회랑, 프랑스 아르브렐, 1962. (p.40 왼쪽) 토로네 수도원에서 영감을 받아 1962년 설계했다. 르 코르뷔지에는 이 건축을 설계하기 전 신부로부터 토로네 수도원을 참조하길 권유받고 이 옛 수도원에 깊이 감동하여 『진실의 건축』이란 책을 쓰게 된다. 모든 건축은 존재하던 것 중에서 진실한 것으로부터 온다.

이란 진정성이 느껴지는 것이며, 그럴 때 우리의 온몸은 전율하고 감동을 느낀다. 그때 한번쯤이라도 찬찬히 감동의 근원이 어디서부터 비롯되는 것인지를 따져 본다면 우리는 저절로 건축이 외형이나 스타일, 취향의 문제를 넘어서는 것임을 알게 된다. 건축이 전달하는 흔들림 없는 항성(恒性), 우리를 에워싸는 순간의 빛, 그리고 파동치는 존재의 충만함, 이것이 바로 좋은 건축이 선사하는 건축의 위대함이다. 프랑스 남부의 토로네 수도원(L'abbaye du Thoronet) 회랑에서 한순간 맞이한 빛은 거친 돌에 숨결을 불어넣고, 나와 그 공간 사이에 깊은 교감을 준다. 절제와 기도로 삶을 지속하는 수도승들에게 이 빛은 무엇과도 바꿀 수 없는 신의 선물이기도 하다. 거주하는 것의 기쁨이다.

르 코르뷔지에(Le Corbusier)가 리옹 근처의 아르브렐에 투레트 수도원(Couvent de la Tourette)을 설계할 때 수도원장은 그에게 토로네 수도원을 가 보고 참조해 줄 것을 권했다. 그는 그렇게 했고 토로네 수도원을 방문한 후 그 감동을 못 이겨 『진실의 건축』이란 책을 써냈다. 그리고 그는 투레트 수도원을 위해 중세가 아닌 이 시대에 할 수 있는 최선의 건축을 했다. 기본적으로 토로네 수도원의 구조를 반복하되 이 시대에 적합한 차이를 만들어 냈다. 토로네 수도원이 돌의 집이라면 콘크리트와 유리만으로 절제와 기도의 집을 만든 것이다. 르 코르뷔지에가 만일 한순간이라도 토로네 수도원에 거주하지 않고 그 장소에 대한 영혼의 교감이 없었다면, 그리고 단순히 모방하는 것이 아니라 시대적 정신으로 이를 승화시키지 않았다면 오늘날 우리가 보는 투레트 수도원은 만들어지지 않았을 것이다.

스웨덴의 건축가 레베렌츠(S. Lewerentz)는 우드랜드(Woodland)의 묘지를 오랫동안 설계하면서 망자(亡者)를 보내는 마지막 장소를 언덕 위에 나무를 심는 것으로 대신했다. 땅과 하늘을 잇고, 땅을 성스러운 풍경으로 다스리는 일, 그래서 우리 내면에 단 한순간이라도 죽음을 삶의 경건한 부분으로 조용히 맞이하게 하는 것, 그것 또한 우리가 죽음을 이 땅에 거주시키는 일이다. 삶과 동시에 죽음까지도 땅 위에 조직하여 지속시키는 일, 그리하여 때로는 우리가 살고 있는 이유를 대신해 줄 수도 있는 그것이 건축이며, 우리가 거주하는 행위인 것이다. 그리고 우리가 다시 장소로 귀환하여 거주할 때 우리는 비로소 인간이 되는 것이다.

건축과 도시, 그 성찰의 시대 **조성룡**

풍토와 문화 지형과 기후가 만드는 풍토 혹은 풍토성은 그 지역의 고유한 문화를 낳는다. 그것은 그 땅에서 살았던, 살고 있는 사람들의 삶을 규정하고 그들의 기억과 역사를 이룬다. 사람들이 살아가는 공간은 문화의 큰 부분을 차지한다. 우리가 과거의 문화유적들, 절터나 민가를 답사하는 것도 바로 그 시대의 문화를 엿보며 그때의 삶을 느끼고 싶어하기 때문이다. 비록 시대 상황에 따라 부분적으로 잘못된 해석으로 왜곡되기도 하지만, 기록 혹은 역사는 그 땅의 자연과 사람들의 집단기억 속에 존재하는 사실을 우리에게 전한다. 우리는 남아 있는 유적과 공간에서 시간의 켜를 읽어내어 그들의 삶의 본질과 당시의 사회현상을 미루어 짐작하고 깨닫게 되는 것이다. 적어도 근대화, 도시화 이전에 지어진 집에서 우리가 배울 수 있는 것은, 그들이 땅의 형상과 조건을 읽어내어 거기에 어떻게 집을 앉힐 것인가에 대해 적극적으로 궁리했다는 사실이다. 그러므로 우리의 삶을 이루던 집의 원형을 초가집의 아름다운 곡선이나 토속적 취향의 재료에서가 아니라, 당시 사람들의 삶의 바탕이 되었던 정신이나 정서, 그때의 사회적 상황과 집을 짓는 기술적 조건을 이해하고 거기서 그 단서를 찾아야 할 것이다.

고산자(古山子) 김정호(金正浩)의 대동여지도(大東輿地圖)나 한양의 지도인 수선전도(首善全圖)를 보자. 오늘날의 지도와 매우 다르다. 그 지도에는 이 땅의 산줄기, 물줄기와 고을의 위치가 아름답게 묘사되어 있다. 동서고금을 통해 나는 지금껏 이처럼 근사한 지도를 본 적이 없다. 그것은 지리적 지형적 정보를 기록한 지도의 한계를 뛰어넘어 자연에 대한 선인들의 사상과 정서를 담아낸 아름다운 그림이다. 사람과 집과 자연을 잇는 개념은 풍경이다. 산과 물이 만들어내는 아름다운 경치는 사람이 주체가 되어 '집—도시—

자연'의 관계에서 풍경으로 살아나며, 풍경은 사람의 삶의 과정에서 일어나는 무수한 사건으로 각인되어 기억으로 남게 된다.

정보통신이 우리의 일상을 지배하는 지금, 얼마 남아 있지 않은 유적의 형태나 공간구성 방법으로 이 땅에 세워지는 집의 정체성을 파악하려는 노력은 의미가 없는 일이다. 오히려 우리는 이 땅의 풍토에서 연유된 건축의 본질을 살펴야 할 것이다. 미국식 목재주택이나 유럽풍 휴양시설이 우리의 자연 속에 지어지는 어처구니없는 행태는, 바로 집 짓는 일이 문화적 작업임을 간과하고 건설과 부동산 가치만을 추구하며 맹목적으로 서구문명을 지향해 온 문화적 무지에서 비롯한 것이다. 풍토와 그 안에서 일구어지는 삶을 외면한 채 이 땅은 지금 망가져 가고 있다.

근대 도시의 명암 채플린의 무성영화 〈모던 타임스〉는 근대 산업사회의 기계문명이 인간의 삶을 어떻게 지배하며 자본과 효율성의 논리가 인간성을 어떻게 빼앗고 있는지를 통렬히 비판한 작품이다. 근대사회에 이르러 인간은 기계를 발명하고 노동으로부터 벗어나 무한한 자유를 꿈꾸며 유토피아를

조성룡 · 김종규,
의재미술관, 2001.
의재미술관은 자연과
건축이 어떻게 조우해야
하는가의 문제와
이 시대의 미술관이
추구해야 할 방향에
대한 하나의 제안이다.

**에게해에 떠 있는
그리스의
산토리니 섬.**
지역에 따라 땅의
성질이, 기후와
사람들의 삶에 따라
문화의 고유성이
정해진다.

동경한다. 교통기관의 발달은 공간의 개념을 압축하고, 새로운 풍경을 찾아 이동하는 유목민적 생활은 도시공간을 바꾸어 놓았으며, 상품을 대량생산 하는 산업체제는 일터와 삶터를 분리하고 도시가 팽창하는 원인이 되었다. 일을 찾아 시골에서 도시로 모여든 노동자들을 수용하기 위한 아파트, 도시 인의 여가를 위해 늘어난 영화관이나 공연장 그리고 위락시설들, 시장 대신 생겨난 대형 백화점 같은 것들은 산업사회, 기계사회가 만들어낸 20세기의 산물이다. 물론 이러한 도시 시설들은 물론 인간의 삶을 풍요롭게 만들고 더 나은 삶의 질을 추구하며 문명이 가져다주는 혜택을 제공했다. 그러나 자본의 논리에 따라 움직이는 사회체제에서 풍토와 문화에 의해 오랜 시간 형성된 도시구조와 삶의 공간은 항성을 잃고 대부분 제 모습을 찾기 어려워 졌다. 가회동, 삼청동 일대를 가리키는 서울 북촌마을의 모습을 보자. 드문 드문 남은 1930년대 이후의 도시한옥들과 오직 상업성과 부동산 가치만을 추구하는 볼썽사나운 연립주택이 뒤섞인 혼잡한 풍경에서 역사도시 서울의 흔적은 이미 희미해지고 있다. 역사는 켜를 쌓아 가는 것이다. 그렇다고 해 서 옛 모습 그대로 두어야 한다는 말이 아니다. 달동네의 환경이 열악하고 비위생적이라 하여 재개발, 재건축이라는 상업적 개발도구를 남용하며 그 땅의 흔적을 없애고 초고층 아파트 단지로 대체하는 일은 마치 폭력과도 같 은 것이다. 제도와 법령을 조금만 보정하면 고층 아파트말고도 고밀 주거단 지를 가능하게 하는 방법을 찾을 수 있음에도 주변이나 도시의 경관을 외면 한 채 고층 일변도의 판상으로 도배질하는 행위는, 우리 스스로 사람답게 사는 환경을 포기하는 일이다. 오랜 시간 동안에 이루어진 도시의 조직을 살피고 그로부터 집을 앉히는 원리를 찾아내어 오늘의 삶에 맞는 새로운 공 간을 쌓아 가야 할 것이다.

20세기를 풍미한 세 사람의 건축가 르 코르뷔지에, 미스 반 데어 로에(Mies van der Rohe), 프랭크 로이드 라이트(Frank Lloyd Wright)는 근대건축을 주 도했고 많은 제자를 배출했다. 이 지도자들이 현대건축에 끼친 영향은 매우 크다. 그러나 다른 한편으로 거대한 물결에 휩쓸려 세워진 20세기의 건축과 도시가 지역의 정체성을 잃게 만들기도 했다. 1920년대에 스웨덴의 건축가 레베렌츠는 몇 개의 시립 공동묘지 프로젝트에 참가하였다. 조경가이기도 한 그는 산업사회의 효율성보다는 인간의 존엄성과 생명의 가치에 천착하면서 신성한 장소를 구현해냈다. 그가 추구한 이념은 기념비적인 공간이 아니라 풍경 만들기였다. 그는 자연과 인공적인 자연을 결합시키며 물질 중심의 세상에 휩쓸리지 않고 외롭게 작업했다. 멕시코의 루이스 바라간(Louis Barragan) 역시 특유의 풍토와 감성을 바탕으로 시정(詩情)을 담아 지역적 근대건축을 이루어낸 건축가이다. 이들 외에도 근대건축의 원류라 할 수 있는, 서구사회의 중심에 휩쓸리지 않고 일정한 거리를 두고 작업한 경우들에서, 우리가 그 동안 근대화의 도중에서 가치를 두지 않았던 지역성이나 풍토성에 대해 다시 생각하게 하는 근거를 발견한다.

모더니즘의 큰 물결이 사그라질 무렵 태동한 이른바 미국식 포스트모더니즘이 휩쓸고 간 팔구십년대 우리 도시의 모습은 목불인견이었다. 이 모든 상황은 이 땅의 풍토와 문화를 망각한 채 외래사조를 맹목적으로 수입한 것에서 비롯되었는데, 그 후유증과 폐해는 지금껏 지속적으로 도시와 시골 풍경을 파괴하고 있다.

사람을 위한 도시 20세기초, 탄광지대였던 독일 루르 지방의 뒤스부르크 노르트에 건설된 후 일차대전, 이차대전을 비롯하여 거의 백 년 동안 독일 철강산업의 중추를 맡아 왔던 거대한 제련소가 경제적 기술적인 원인으로 더 이상 가동할 수 없게 되자, 그 공장시설을 활용하여 세기말에 새로운 도시공원이 조성되었다. 란트샤프트파크(Landschaftpark)는 오래 되어 녹슬고 허물어진 산업구조물 사이에서 식물이 자라나도록 하는 환경 개념의 공원이다. 거대한 공장을 연상시키는 파리의 퐁피두 센터는 1970년대에 혁명적으로 등장하여 지금은 에펠 탑보다도 더 사랑받는 공공장소가 되었다. 고정

라츠(P. Latz),
란트샤프트파크, 독일
뒤스부르크 노르트,
1999.
산업시설을 재활용하는
풍경적 건축의 테마는
최근 건축가,
조경가들에게 대두되는
새로운 개념의 명제다.
근자에 완성된 녹일의
란트샤프트파크는
이러한 사상을 구현한
작품으로서 높이
평가된다.

된 전시공간의 틀에서 벗어나 자유로운 공간개념을 제시한 미술관으로서
유명하지만, 더불어 쉼 없이 이벤트가 일어나는 미술관 앞 경사진 광장 때
문에 더 많은 사람들이 모이는 장소가 되었다. 바르셀로나는 올림픽 유치를
기점으로 새로운 문화 발신 도시로 떠올랐다. 대회 준비 기간 동안 많은 건
축가들이 도시공간의 개조작업에 참가하면서 이 도시의 면모는 일신했고,
가우디(A. Gaudi) 같은 건축가가 활동했던 지나간 시대의 화려한 명성을 되
찾았다. 올림픽 프로젝트에는 규모가 큰 문화시설, 주거시설도 포함되어 있
지만 대부분은 공공을 위한 공간 만들기—보행공간이나 작은 공원, 거리의
모퉁이 혹은 바닷가의 광장 같은 것—였는데, 도시의 지형과 문화적 정체성
을 제대로 살려 구현함으로써 바르셀로나는 일약 도시문화의 주요 발신지
로 떠올랐다.

서안조경 · 조성룡,
선유도공원, 2002.
선유도공원은 도시의
여백공간으로 오랫동안
시민에게 잊히고 닿을
수 없었던 공간을 시간,
기억과 풍경을 담아
되돌려 놓은 '시민의
장소' 이다.

문화를 표방하며 거대한 상징물로 조형되는 기념공간이나 문화공간은, 더 이상 사람을 위한 것이 아니라 전제주의 사회나 파시즘 시대의 건축처럼 과대한 권력의 표상일 뿐이다. 주택이건 상업시설이건 혹은 문화시설이건, '사람을 위한 장소'를 만들어 나가는 작업이야말로 공동체가 붕괴되고 피폐한 삶을 영위하는 현대사회를 회복시키는 가장 중요한 일이다. 오늘날의 미국정치에 대해 촘스키(N. Chomsky)는 "더 이상 대중을 힘으로 억누를 수 없다는 것을 알게 된 지배계급은 마음을 조정하는 프로그램을 개발하기 시작했다. 바로 광고 홍보 산업이다. 이것은 미국의 가장 중요한 산업 중 하나다. 군대가 병사를 조직하고 배치하듯이 그들은 인간의 마음을 조정하고 배치한다. 대중의 마음을 공공의 일로부터 떼어내 피상적인 일, 끊임없는 소비에 묶어 놓는 일을 업무로 한다. 사실 이것이 현대 정치학의 핵심이다"라고 과격하게 공격하고 있다. 이는 비단 그들만의 문제가 아니라, 정도의 차이는 있을지언정 정보화사회, 대량소비사회에 접어든 21세기의 지구에서 흔히 일어나는 일이다. 정보와 상품이 우리의 일상을 지배하고 시간과 공간의 개념이 희박해진 오늘날, 도시는 현실과 가상세계의 접점에서 가치의 혼돈에 휘말려 가고 있다. 사람의 기억은 이제 그 신체로부터 유리되어 인터넷의 그물에 떠 가고 있다. 새롭게 변모하는 도시공간 역시 현실의 리얼리티로부터 거리를 두면서 사람들의 삶을 변화시키고 있으며 테크놀로지에 힘입어 우리의 일상을 교란시킨다.

"침묵과 정적은 건축의 본질"이라 했던 것은 바라간이다. 건축의 형식뿐 아니라 본질의 의미에서 미스 반 데어 로에의 "적을수록 좋다(Less is more)"라는 말은 물질이 넘쳐나고 그 가치는 감소되는 소비사회에서 아직도 유효한 경구다. 자연과 도시에 대해 생각해 보면 이 사상은 지속성, 영속성과 연결되기도 하고 불확정적 공간 개념과도 끈이 닿는다. 기술의 발달이 중요하지 않다고 생각하는 사람은 없을 테지만, 지금 같은 정보의 홍수 속에서는 우리가 잃지 않아야 할 일을 강구해야 한다. 우리의 삶이 더 이상 변질되지 않

올가 타라소(O. Tarasso), 도시공원 '브라질', 스페인 바르셀로나, 1989. 아파트 사이의 기존 도로를 입체적으로 활용하여 도시공원을 만들었다. 도시의 구조와 문화적 정체성을 살려 구현한 공공공간이다.

피아노(R. Piano) · 로저스(R. Rogers), 퐁피두 센터, 프랑스 파리, 1977. 퐁피두 센터 앞 광장은 오늘날 우리가 추구해야 할 도시광장의 원형이다.

는 방법은 그 삶을 담아 갈 공간과 장소를 제대로 만들어 가는 일이다.

다시 말하거니와 땅을 올바로 읽고 우리의 도시와 건축을 성찰적으로 유지해 나가는 일이 필요하다. 도시의 공공성과 환경에 대한 올바른 인식으로부터 우리의 바람직한 삶을 보장받아야 할 것이다. 부의 일시적인 축적이나 정치적인 판단에 의해 우리의 환경과 삶의 공간이 유린되지 않도록 지혜가 필요한 때이다. 물론 지금은 하나의 중심이 아니라 다중의 중심이 네트워크를 이루고 영역의 개념이 희박해진 정보화사회이다. 도시는 부유하는 무수한 이미지와 범람하는 미디어로 가득 차 있다. 그러나 한시성이 강한 다른 미디어와 달리 우리의 삶과 직결된 건축과 도시는 서로 유리되지 않고 관계를 이어 나간다. 건축과 도시는 풍토와 인간의 삶, 문화에서 탄생하고 시간에 따라 집단기억의 지층이 형성되며 시대의 요구에 충돌하면서 삶의 풍경을 이어 나가기 때문이다.

일상의 의미 건축은 누구나 익숙하게 누리는 일상의 일부이다. 인간의 일상을 위한 인위적인 장치가 건축이므로 건축은 그리 특별한 것이 아니다. 누구나 집에서 살며 도시를 걷고 그 속에서 머무르고 일을 하며 시간을 보낸다. 땅 위에 공기가 있어 숨쉬고 사는 것이 자연스럽듯이 건축은 누구나 누리는 삶의 일부이다. 지구가 자전하고 있다는 사실을 그 당연함으로 인해 느끼지 못하는 것처럼, 태어나서부터 항상 함께 해 온 건축도 지극히 당연한 것이므로 전혀 새삼스러울 이유가 없다. 쾌적하고 안전하며 행동에 필요한 기능과 크기와 모양을 갖추면 그것으로 충분하다.

그럼에도 건축은 애써 특별한 건축이려고 한다. 주어진 조건에 충실하면 그것으로 충분함에도 습관의 반복으로 무뎌진 일상의 무의미로부터 의미를 찾고 새로움을 발견하려고 한다. 요구조건의 해결이면 그만인 것을 담아야 할 것이 무엇이며 왜 그래야 하는지 일일이 확인하려고 한다. 그냥 지나쳐도 되는 너무도 일상적인 것들을 오히려 의심하는 것은, 그것의 정체를 확인하는 것으로 건축이 시작되기 때문이다. 일상의 정체를 의심하는 것은, 지금의 일상이 다시 다음의 일상을 결정하고 그것의 누적이 문화라는 현상을 만들기 때문이다. 건축은 그 과정에서 드러나는 엄연한 사실이자 증명이다. 왜 그리 되었으며, 그래서 무엇이 되었고, 그래서 어떻게 될 것인지를 추적하려면 일상과 건축이 관계하는 본질의 문제를 들추지 않을 수 없다.

건축은 지어지는 것이다. 스스로 서 있어야 하고, 비와 바람을 막아야 하는 기본조건을 갖추어야 하고, 그 안에서 일어나는 행태에 적절히 봉사할 수 있어야 하며, 이왕이면 아름다워야 한다. 건축은 삶의 형식으로서 사회의 진화와 함께 발달했고 환경과 문화의 배경에 따라 온갖 다양함으로 전개되

김인철, 디보이드
(두김 디자인 사옥)
외관과 내부, 서울,
2005.(pp.54–55)
디자인 스튜디오인
디보이드는 최소한의
개구부만 있는 콘크리트
상자이다. 거리의
잡다함에 대응한
무표정과 달리 지하와
지상을 관통하는 내부의
비움은 공간의 모든
것을 제공한다.

었다. 손에 닿는 재료와 구사할 수 있는 기술과 동원되는 감각으로 인간의
궁리가 건축으로 구현되는 과정에서, 재료와 기술과 감각은 오랜 시간 반복
되어 쌓인다. 결국 그것은 그 구성원의 보편적인 동의를 얻는 하나의 틀을
형성하며 형식이 되고 양식이 되어 그만의 특성을 만든다. 만들어진 틀의
규범은 매우 완고하다. 보편적인 결과이므로 그 가치는 불변의 것으로 고정
된다. 이후의 노력은 그것을 더욱 확실하게 다듬는 과정일 뿐이다. 고정된
가치를 훼손하거나 변형시키는 것은 용납되지 않는다. 그러면 건축은 지극
히 보편적인 가치에 의해 성립되고 유지되는 일상의 부산물이어야 할까.

김인철,
오블리크(KDI 사옥)
내부, 서울, 2005.
수평과 직각은 인위적인
결과이다. 비스듬한
형태가 낯설게
느껴진다면 그만큼
자연의 형식에서 멀어져
있기 때문이 아닐까.

김인철, **오블리크 외관,**
서울, 2005.
오블리크는 주택가에
세워진 사무실
건물이다. 주변의
조건을 고려하면 반듯한
공간을 세울 수 없다.
기울어진다. 기울어서
얻어진 것은 작은
공원을 품고 넓은
하늘을 끌어들여 한껏
확장된 공간이다.

일상은 보편적인 삶의 형식이며 양식이며 규범이다. 건축도 그것에 연결되어 있어야 한다. 일상과 유리된 건축은 조형물일 뿐 건축일 수 없다. 설혹 일탈을 제공하는 건축이 있다 해도 그 역시 크게 보아 일상의 범주에 속한다. 그러나 일상의 부분에 지나지 않는 건축으로 일상의 모두를 다루는 것은 불가능하다. 일상은 끊임없이 변하는 속성을 갖고 있기 때문이다. 변하는 속도가 느려서 감지하기 어렵지만 일상은 어딘가를 향해 움직이는 유기체처럼 성장하고 쇠락하며 지속된다. 일상으로부터 일탈의 생성이 반복되어 새로운 일상이 만들어지는 변화를 한편으로는 발전이라 한다. 일상의 변화가 매우 느림에도 건축의 대응은 어쩔 수 없이 보수적이고 피동적인 한계를 갖는다. 건축은 새로운 요구에 대한 해법이라 여기기 때문이다. 과연 그래야 할까.

건축이 건축다우려면 일상의 범주에서 벗어나야 한다. 일상을 객관적 대상으로 보아야 하는 것이다. 건축은 일상의 해법이 아닌 일상의 '제안' 이어야 한다. 새삼스럽지 않은 일상에 의미를 부여해 그로써 새로운 가치를 만들어

내고 그로부터 새로움을 제안하는 것이 건축하는 이유이어야 한다. 그렇지 못하면 건축은 일상의 소도구이거나 단순한 부동산에 지나지 않는다. 건축이 변화의 선두에 설 수 없다 하더라도 변화를 수용하는 자세는 새로운 가치를 능동적으로 만드는 것이다. 그러나 새로움의 제안은 항상 일탈로 취급되어 고정된 가치관—고정관념의 거센 저항을 받는다. 기존의 가치와 다른 새로움은 타당한 설득력을 갖추지 못하면 그저 제안으로 끝나고 만다. 설득력은 변화에 대한 새로운 해석과 그것이 실현 가능한 건축의 제안이 만들어졌을 때 갖추어진다. 건축이 건축이기 어려운 이유는, 제시하는 새로움이 일상의 동의를 획득하려면 제안의 출발점을 다시 일상으로부터 시작해야 하기 때문이다.

기능과 용도와 형식으로 이루어지는 건축에서 그 항목들을 다시 점검해 보려는 것은 건축 스스로 타성에 안주하고 있을지도 모른다는 의심을 풀기 위해서다. 지금 일어나고 있는 일상의 다양한 전개와 기술의 발달은 건축이 담당해야 하는 한계를 점점 모호하게 만들고 있다. 새로운 매체의 등장으로 공간과 시간의 물리적 속성이 변하고 있고 거대한 도시의 조직 속에서 인간

**김인철, 래티튜드
(국제전산교구 사옥),
경기 파주출판도시,
2004.**
파주출판도시의
래티튜드는 주거와
작업이 동시에
이루어지는
복합공간으로, 한강과
자유로와 샛강을 따라
길게 늘어나 있다. 누려
마땅한 것을 제대로
갖기 위해서다.

의 관계마저 다시 정의해야 하는 시대적인 상황은 건축의 본질도 변해야 함을 요구한다.

쾌적한 환경과 안전한 시설 그리고 편리한 기능을 갖추기 위해 이제 건축은 별다른 역할을 하지 않는다. 어떤 악조건에서도 지금의 기술은 해결의 모든 수단을 제공한다. 경제성과 시간의 문제만 없다면 무엇이든 가능하다. 남향(南向)을 고집하지 않더라도 같은 조건을 만들 수 있고, 지하공간을 지상과 동일한 환경으로 조절할 수 있다. 무너지지 않는 바벨 탑을 세울 수 있는 구조방식과 전천후 기능과 다양한 표정을 제공하는 소재의 개발로 이제 그것들은 선택 사양 중의 하나가 되었다. 기술의 발달로 건축이 스스로 해결하려 고민했던 온갖 기능들이 건축의 영역에서 독립해 나갔다. 오히려 기술의 발달은, 건축이 필요한 기능의 대부분을 자연에 의존했던 단계로부터 인공

김인철, 래티튜드 (국제전산교구 사옥), 경기 파주출판도시, 2004. 일과를 마치고 주거에 들면 한강의 노을이 길게 이어진다. 공간이 존재하는 이유는 자연과 인간을 이어 주기 위해서다. 공간을 군더더기로 꾸미는 것은 스스로 자연을 포기하는 것과 다르지 않다.

의 환경을 어떻게 자연으로 돌려놓을 것인가 고민하는 단계로 나아가도록 하고 있다. 또한 목적하는 기능이 작용하기 위해 건축으로 제공해야 했던 공간의 조직도 이제는 기술이 담당하는 상황으로 가고 있다. 예를 들어 보자. 아무런 건축의 장치 없이 거리의 모퉁이나 공원의 빈터나 복도의 구석에 음료를 동전과 교환하는 자동판매기가 제공되면 그곳 그 장소는 훌륭한 휴게소가 된다. 휴게라는 용도를 해결하기 위한 휴게소 '건축'은 생략된다. 매우 단순한 기계의 놓임만으로 건축은 불필요해지는 것이다. 자동판매기의 기능이 수행되기 위해 보이지 않는 엄청난 네트워크가 연결되어 있어야 하는 것은 당연하지만, 건축의 명제가 더 이상 기능의 해결을 위한 것이 아님을 보여주는 예시다. 한때 턱없이 부족했던 서류창고가 이제는 전자장치로 대체되었을 뿐만 아니라 휴대가 가능한 소품으로 바뀌었다. 현대의 도서관—미디어테크에는 데이터와 접속하는 기계만 있다. 건축이 기능을 위한 것이 아닐 수도 있다면 다시 건축의 존재이유를 살펴야 한다. 이제 건축이 해야 하는 것은 그 가능성으로 무엇을 할 수 있을 것인가 결정하는 것이다.

공간의 의미 건축은 쓰임을 전제로 만들어진다. 무엇으로 쓰일 것인가에 의해 적절한 크기와 합리적인 동선과 형태까지 결정된다. 한때 건축의 역할은 필요로 하는 용도의 모든 것이 다이어그램처럼 유기적으로 조직되고 작용하도록 공간을 조직하고 그에 걸맞은 모양을 만드는 것이었다. 건축에 주어지는 용도가 과연 건축을 결정하는 절대적인 요소인가 의심한다. 건축에 요구되는 용도는 장기적인 마스터플랜에 의한 것이라 해도 지금이라는 시점에서 필요하기 때문에 결정된 것이다. 건축의 수명에 비추어 보면 그 결정은 임시적이거나 한시적일 수밖에 없다. 어떤 용도인가는 그렇게 쓰려는 현재적인 목적과 그에 대한 기술적 고려에 의해 합의되는 한시적인 사항일 것이다. 그렇다면 용도에 의해 결정되는 건축의 내용과 형식은 영원히 변하지 않는 것이라 주장하기가 어려워진다. 호텔, 여관, 콘도미니엄, 연수원, 기

성 소피아 사원 내부, 터키 이스탄불, 537. 성 소피아 사원은 상황의 변화에 따라 건축이 형식에 관계없이 내용을 바꿀 수 있음을 보여준다.

숙사, 병동, 오피스텔, 다가구·다세대 연립주택, 아파트 등등 용도의 유형은 요구되는 기능과 사용하는 방법에서 차이가 있을지 모르나 인간의 거주 공간이라는 점에서 같은 내용이다. 한편 창고가 공장이 되거나 공장이 창고가 되는 것은 쓰이는 내용과 절차의 문제이지 건축의 용도와 직접적인 관계가 없다. 나이로 구분되는 어린이의 집과 노인의 집의 경우 사용자의 육체적인 조건에 따라 건축의 성격이 특별히 달라야 한다거나, 전시물의 내용이 다르다는 이유로 미술관과 박물관의 건축적 차이를 확연하게 구분할 근거를 만들기는 어렵다. 그렇다면 건축이 추구하는 궁극적인 목적은 용도의 해결이 아니어야 맞다. 그렇다면 용도의 조건으로부터 자유로운 건축은 과연 무엇으로 시작되어야 하는가 하는 문제를 다시 생각해야 된다.

건축은 구체적인 형태로 만들어진다. 형태는 조형되는 것이므로 형식을 갖는 것은 물론이다. 기능에 따라, 용도에 따라 건축은 제 모습을 갖춘다. 지극히 당연한 사실이어서 누구도 의심하지 않는다. 그러나 주택다운 주택, 교회 같은 교회로 형태와 형식을 정의하는 것이 정답일지 확신할 수 없다.

기호론의 관점에서 본다면 용도에 따른 유형의 성립이 타당할지도 모른다. 그러나 과연 건축의 유형을 프로토타입으로 규정할 수 있을까. 이스탄불의 소피아 사원은 지금은 이슬람의 공간이지만 본래는 동로마제국의 가톨릭 공간이었다. 이웃한 블루 모스크가 이슬람교의 정통적인 형식을 주장하고 있어도 소피아 사원은 무슬림의 공간일 수밖에 없다. 지금은 이슬람교의 땅에 있기 때문이다. 기독교의 아이콘이 가득 모자이크된 공간에 코란의 문구를 거는 것만으로 건축의 형식은 바뀌어 있다. 상황의 변화에 건축은 수동적일 수밖에 없다. 기독교가 지하의 카타콤에서 나왔을 때 곧바로 자신의 교회를 건축한 것이 아니라 지상의 바실리카를 이용해 장소를 옮긴 예처럼, 이 땅에서 처음 예배를 본 교회도 어느 한옥이었다. 고딕의 교회양식이 본격적으로 수입되기 전 한옥으로 세워졌던 교회가 지금도 남아 있을 뿐만 아니라 새롭게 한옥양식의 교회건축이 시도되기도 한다. 골 깊은 산 속에서 이루어진 사찰의 자리잡기도 불교가 전래되기 이전에 있었던 토속신앙의 장소와 결코 무관하지 않았을 것이라 추측한다. 대웅전(大雄殿) 뒤로 물러나 있는 산신각(山神閣)은 전래 종교와 토착 종교가 타협한 증거라기보다 건축의 형식이 내용에 맞추어 전용(轉用)된 흔적일 것이다. 건축의 형식은 사용하는 목적 또는 내용과 무관해 보인다. 그렇다면 건축에 요구되는 형식은 건축의 결과와 별개가 된다. 건축이 보이는 물체(오브제)로 존재하는 것이 아님을 강조하지 않더라도 양식(스타일)은 그때그때의 유행으로 나타나는 것이다. 설령 복고를 주제로 삼았더라도 결과는 지금의 것으로 재생산되어야 마땅하다. 형식을 앞세워 만들어진 형태를 공간과 괴리된 껍질이라 부르는 것은 결코 지나친 힐난이 아니다. 20세기초 체코의 건축가들이 작업한 큐비즘의 건축은 형태의 독특함을 인정하더라도 그것이 진정한 건축의 성과인가를 되묻지 않을 수 없게 한다. 건축을 형태로 간주하고 그것을 기호로 본다면 건축은 거대한 간판이 되고 만다. 그렇다면 형태가 아닌 건축을 무엇이라 해야 하는가.

요세프 호홀(Josef
Chochol), 미트하우스,
체코 프라하, 1913.
피카소의 큐비즘을
형태로 직역하면 건축은
일그러진다. 새로움은
형식이 아니라 그렇게
된 이유의 성립으로
만들어져야 한다.

기능의 해결이 아닌, 용도를 전제로 삼지 않는, 그리고 형태를 우선하지 않는 건축으로 무엇을 해야 하는가. 공간을 만드는 작업이 건축임을 의심하지 않는다. 공간은 건축으로 인해 만들어지는 결과이자 목적이다. 비어 있는 사이로 해석되는 '공간'은 정의하기에 따라 갖가지의 의미가 있을 만큼 보편적인 단어이다. 공통되는 것은 있음보다 없음의 상태로 공간을 규정한다는 점이다. 만들어야 하는 결과가 없음의 상태라는 것으로 인해 일어나는 오해는 보이지 않으므로 정말 없다고 여기는 것이다. 물 속의 물고기에게는 물이 공기이므로 우리에게는 보이는 물이 물고기에게는 공기처럼 없는 듯 보일 것이다. 없음의 상태로 실재하는 있음을 증명하기 위해 건축은 부단히 근원으로 돌아가는 고행을 해야 한다. 공간의 본질을 규명하는 일은 무죄를 주장하는 상대에게 유죄임을 증명하는 수사과정과 같기 때문이다.

근원적인 생각은 인도 바라나시의 강가에 놓여진 하나의 판에서 시작된다. 삶의 깊이를 헤아리는 명상의 장소로 마련된 판은 판 자체만으로 이미 완벽한 공간이 된다. 벽과 지붕을 갖는 통상적이며 구체적인 공간이 아니라 물 위에 놓여 사람을 그곳에 있을 수 있게 하는 것만으로 그것은 제대로 된 공간을 이룬다. 때로는 빨래터이기도 하고 때로는 영혼의 재를 흘려 보내는 곳이기도 한 그곳에, 구체적인 건축은 없지만 건축으로 이루려고 하는 목적은 충실히 이루어져 있다. 애써 구획하거나 형태를 만들지 않아도 되므로 형태로 공간을 규정하지 않아도 되는 건축의 원형이 그곳에 있다. 사람의 머무름을 위한 장치를 원초적인 건축으로 보려는 것은, 공간이 건축이며 그것에 부가되는 형태는 원형에 덧댄 부차적인 것이라고 생각하기 때문이다. 그러므로 건축이기 위한 공간이 요구하는 것은 구획의 확정이 아니라 영역의 설정인 것이다. 사실적인 물체로서의 건축은 공간의 설정을 위한 최소한의 장치여야 하며 또 그것만으로 충분한 것이어야 한다.

그럼에도 최소한으로 마무리지으려는 의지는 구축되는 장치의 물성에 곧잘 가려지고 만다. 그것은 그릇을 만드는 도공의 경우와 같다. 무엇인가 담기 위한 목적으로 시작하지만, 빚어지는 도중에 그릇의 의미는 뒤로 숨어 버리고 그릇의 자태와 색깔과 무늬가 목적으로 바뀌는 것이다. 그렇게 만들어진 명품은 쓰임을 위한 것이 아니라 어딘가에 장식품으로 놓인다. 그릇이 아닌 그릇이 되는 것이다. '건축은 만드는 것이되 공간을 만드는 것임'을 알면서도 만든다는 그 일에 열중하게 되는 것은, 건축의 작업이 주체와 객체가 어느 순간 쉽사리 반전되는 속성을 갖고 있어서다. 네거티브인 필름이 포지티브인 그림으로 바뀌듯이, 상상인 네거티브는 전개되는 과정에 구축되어야 한다는 필연적이며 절대적인 전제로 인해 곧장 실상인 포지티브가 되어 버린다. 공간을 상상하고 그 공간을 이루는 궁리로 나아가야 하지만, 구체적인 방법론의 단계에 이르면 처음 상상했던 공간은 아예 뒤로 물러나고 공간을 이루는 수단과 방법이 목적으로 바뀌어 버리는 것이다. 어떻게 세우고

**바라나시의 판,
인도 바라나시.**
공간을 만드는 작업이
건축이지만 그 공간의
의미를 확실히 하지
않으면 그를 위한
건축은 목적이 없는
일이 되고 만다.

어떻게 쌓으며 어떻게 마무리하는가와, 그렇게 만들어진 결과가 어떤 형태가 될 것인지에 관심을 쏟게 된다. 설계도는 네거티브 필름의 상태다. 열심히 그려 채운 것은 당연히 구현되어 만들어지지만 결국 숨겨져 보이지 않게 되고, 그려지지 않은 도면의 빈 부분이 목적하는 공간으로 살아나 실재하는 존재가 된다.

이러저러한 궁리의 결과로 나타난 형태는 의도된 것이어서 어쩔 수 없이 작위적이다. 설혹 무위(無爲)를 의도한 것이라 해도 그조차 의도된 것이므로 작위성의 혐의를 벗지 못한다. 작위적이라 함은 자연스럽지 않다는 뜻이다. 그에 비하면 부락의 주민들이 추렴해 지은 추수창고는 오히려 순수함과 솔직함의 결과를 보여준다. 일상의 일부로서 유별나지 않은 표정으로 만들어지는 단순함은 그들이 필요로 하는 건축을 최소한의 경제적 기술적 대응으로 이루어낸 완성이어서 명징하게 아름답다. 기교와 장식을 염두에 두지 않고 필요한 것만을 충족시키는 것으로 건축이 완성될 수 있다는 것은 경이롭다. 그들이 그때 그곳에서 동원 가능한 기술과 자재를 가식 없이 구사하는 것만으로 순수하고 단순하며 합목적적인 아름다움을 만들어낼 수 있다는 것이, 바로 차원 높은 논리를 들먹이거나 고도의 기술을 구사하거나 비싼 재료를 사용하지 않아도 건축이 성립된다는 충분한 증거다. 조작되고 꾸며지는 형식과 왜곡되고 과장되는 형태는 다만 수단일 뿐 건축과 공간의 본질을 위한 것이 아니다.

장소의 의미 녹우당(綠雨堂)의 문간채 벽면은 많은 사람을 감탄하게 한다. 비례의 구성이 예사롭지 않고 구사된 기법이 범상치 않아 어떤 내재적인 원리를 갖추고 있을 것이란 기대를 하게 한다. 그러나 그 황금비를 따지는 분석은 의미가 없다. 처음부터 그러한 이유를 갖고 있지 않았을 것이라 가정하고 있어서다. 형식에는 아예 관심을 두지 않았을 것이다. 해남(海南) 윤씨(尹氏) 문중의 작업에 동원된 목수의 솜씨가 서툴렀을 리도 없으며 반듯한 재목을 구하지 못했을 리도 없었을 것이기 때문이다. 혹 서툴게 만들어진 것이라면 허물어 제대로 된 것을 해 놓았을 것이 분명함에도 그것이 당연하다는 듯 자리를 지키는 이유는 그래도 되기 때문이었다는 것 외에 달리 해답이 없다. 문중의 제례를 위한 의전공간(儀典空間)인 능동재사(陵洞齋舍)의 주춧돌이 막돌인 것은, 다른 무엇에 목표를 두었을 것이라는 추측으로 이어진다. 집 모양이 그저 그런 집인 것으로 충분했다면 그런 집으로 이루려 했던 목적이 따로 있어야 한다. 형식이 아닌, 그것을 초월하는 것이 있었다면 과연 무엇이었을까.

그러나 이미 익숙한 건축의 논리를 앞세우면, 만들어진다는 사실로서의 건축에서 결과인 형태를 배제하는 관점은 성립되기 어렵다. 형태를 개의치 않고 만들어지는 건축이 과연 가능한지를 따지기에 앞서 다시 한번 확인해야 하는 것은 '건축의 목적은 공간'이라는 명제다. 공간은 건축으로 만들어지는 내부 영역을 말하는 것이라 쉽사리 이해할지 모르지만 그렇지 않다. 그

김인철,
리플렉스(소규모
공동주택), 서울, 2005.
상업시설과 임대용 주거
그리고 주인의 주택이
들어 있지만 복잡한
표정을 감추고 있다.
일상을 드러내기에
주변의 도회적 분위기는
적합지 않다. 표정을
갖지 않는 것으로도
존재를 의미할 수
있다면 더 이상 손을
대지 말아야 한다.

a place

수니온 곶, 그리스 아테네.
바다와 땅이 만나는
평범한 풍경이다.
그러나 그곳이 어디인지
아무도 알 수 없다.

릇이 아닌 건축은 더 큰 공간—건축을 가능하게 하는 땅—과 관계를 맺는
작업이다. 땅은 내부와 외부라는 한정적인 영역의 의미가 아니라 무한의 범
위이다. 그러므로 건축의 공간은 안으로 만들어지는 것만 지칭하는 것이 아
니라 그로 인해 생겨나는 밖의 것을 아우르는 통합된 의미여야 한다. 땅의
공간을 전체로 삼고 그 속에서 안과 밖을 하나로 만드는 것이 건축이고 공간
이다. 땅 위에 만들어진 건축은 땅의 부분일 뿐 공간을 이루는 주체가 아니
다. 되풀이하면 건축은 공간 속의 개체여야 하는 것이다. 건축은 주어진 공
간 속에 놓이는 것이며, 건축하는 것은 만들어지는 안과 밖의 관계를 설정
하는 작업이다. 건축은 안과 밖을 구분하는 경계를 만드는 것이 아니라 관
계를 설정하는 역을 한다. 관계란 '소통'을 의미한다. 소통되지 않는 공간
은 죽은 공간이다. 가두어진 상태로 공간의 연속성은 이루어질 수 없다. 공
간의 단절이 반복되면 도시의 공간 역시 단절의 궤도 위에 놓이고 만다. 공
간을 가두어 만드는 것이 아니라 열리게 하려는 것은 원래 속성이 그렇기 때
문이다. 땅 속에 묻히는 죽음의 공간이라면 모르지만 삶을 담아야 하는 공
간은 결코 가둘 수 없다. 공간은 아무리 넘쳐흘러도 모자란다. 원래 그랬다.

the place

공간의 시원인 땅은 건축이 개입함으로써 장소성이라는 의미를 가지게 된다. 자연으로서 땅은 이미 장소이지만 인간의 의지—건축으로 장소의 의미가 부여되는 것이다. 여기서 말하는 건축은 건물이라는 구체적인 형태가 아니라 그 땅에 대한 건축적인 해석이다. 한 개의 기둥, 한 칸의 방이라도 그것이 건축의 의지라면 그것만으로도 장소의 의미가 만들어진다. 그러므로 땅을 만지고 땅을 다루는 것은 건축으로 땅을 점유하는 것이라기보다 땅과의 관계를 만드는 것이어야 옳다. 공간인 건축의 의미는 건축을 담고 있는 장소(땅)가 포함되지 않으면 성립되지 않는다. 건축한다는 것은 땅을 장소화하는 것이다. 다시 말하면 '어떤 장소(a place)'를 '그 장소(the place)'로 만드는 것이다. 장소성은 건축으로 비롯되지만 그 의미의 완성은 그곳에서 영위될 일상에 의해 완성된다. 새삼스럽지만 공간은 인간의 삶을 존재하게 하는 원초적인 조건이다. 그곳에서 이어져 나갈 시간과 일상으로 기억이 쌓이고 그것을 공유하게 되는 가치가 만들어지면 땅과 건축으로 빚어진 공간은 그 형상이 어떤가에 관계없이 그곳만의 성격을 갖는다. 지구상에 존재하는 한 곳, 유일한 곳이 되기 때문이다. 같은 곳이 더 이상 없다는 것은 그곳이 다른 곳과 다른 존재라는 차이를 갖는다. 차이는 곧 그것만의 독특함이자 정체성이다. 그곳만의 시간이 있으며, 그곳만의 공간이 있으며, 그곳만의 기억이 있으며, 그곳만의 가치가 있다. 그것은 문화라 불리는 현상의 아주 작은 시작이다. 문화는 표어처럼 구호로 시작되는 것이 아니라 일상의 집적으로 만들어지는 현상이다. 그 시작이 건축으로 비롯된다면 건축은 문화를 생산하는 작업이어야 한다. 건축은 일상을 의미있도록 하고 땅의 가치를 장소로 번역하며 공간으로 시간의 영속성을 담아내어 이 시대와 이 땅에 흔적을 만드는 것이다.

새로운 지역주의 미학의 건축 **김영섭**

우려와 소망 지난 20세기 인류는 과학문명의 발달로 지금까지 불가능했던 것들이 한꺼번에 가능한 것으로 바뀌는 경이를 맛보았다. 그러나 여러 분야에서의 혁신적인 발명과 발견들은 미래에 대한 불안도 동시에 증폭시켰다. 도시와 자연에 대한 경우도 예외일 수 없었다. 무수한 건축담론들과 도시에 관한 이론들이 근대화라는 지돌적으로 달리는 폭주 기관차에 편승하여 각 나라 지역 고유의 도시역사와 환경들을 파괴해 왔다. 도시의 정체성이 사라지고 시민들이 도시 유목민화하는 현상들로, 특히 아시아의 도시들은 모두 몸살을 앓고 있다. 근대화라는 미명하에 개발도상국들에서 진행되는 모더니즘의 양상은 어설프고 어색하기 짝이 없을 뿐 아니라 어느 곳에서도 적절하게 뿌리내리지 못하고 있다. 오히려 전체적인 삶의 질을 떨어뜨린 채 사람들로 하여금 미래의 삶에 대한 방향감각을 상실케 하고 있다. 그것은 각 지역의 오랜 역사 속에서 일구어낸 그들 고유의 삶과 건축이 지혜로운 근대화, 즉 점진적인 변화를 꾀할 수 있는 기회를 갖지 못했기 때문이었다. 전세계적으로 자본주의의 속성과 저급한 모더니즘의 수용을 강요하는 저돌적 근대화의 급물살이 이러한 현상을 더욱 가속시켰다.

21세기의 문턱에서 많은 사람들이 미래에 대해 말하고 있지만, 정작 중요한 것은 우리가 미래를 어떻게 예측할 것인가 하는 것보다 지금 지나가고 있는 우리들의 일상 속에 미래가 있음을 깨닫는 일이다. 그리고 그 속에서 우리가 견고히 해야 할 방향들을 찾아내야 하는 것이다. 즉, 과학의 발달로 지금까지 무엇이 실현 가능했고 무엇이 불가능했는지에 관심을 갖는 것이 아니라, 과거로부터 현재까지 인류의 삶에 변화된 것이 무엇이며 미래에도 변화하지 않을 것이 무엇인지 구별해내는 것이 더 중요한 일이 되어야 한다. 따라서 건축가를 포함한 모든 창조적 직능을 가진 사람들은 그들의 작업을 통해 미래에 대한 묵시적 예견, 즉 다가올 시대의 전조를 체감할 수 있는 가능성을 사람들에게 제공해야 하는 것이다.

신자유주의와 무한경쟁의 시대라는 협박 앞에 인류는 과연 어떤 세계를 염원할 수 있는가. 고삐 풀린 황소처럼 질주하는 세계화 경제체제를 제어할 또 다른 제안은 없는가. 세계화 경제라는 것은 소수의 자본가들이 최대의 배타성을 통해 세계의 자원을 최대한으로 이용하는 것으로 변질되어 버린 것은 아닌가.

한때 20세기의 건축가들은 모더니즘 건축을 이 시대의 진정한 양식으로서 이전 시대의 혼란과 불평등을 극복할 새로운 대안으로 믿고자 했다. 그리고 새로운 도시계획 수법과 건축을 통해 이상적인 삶의 세계를 창출한다는 유토피아적 미래사회를 신봉했다. 그러나 이러한 신화를 믿는 사람은 이제 아무도 없다. 그것은 허구로서 신화이거나 이상주의에 몰입했던 도시건축가들의 자기기만이었음이 드러났다. 왜냐하면 도시와 건축의 위기는 인류가

김영섭,
서대신동 주택,
부산, 1992.
건축 외벽은 수원성의
디테일을 패러디한
것이고, 거실 내부의
모습은 한옥 대청이
그대로 차용된 것이다.
계단의 손 스침 또한
옛 소목(小木)들의
작업공구의 기억에서
만들어졌다.

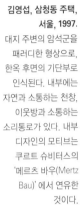

김영섭, 삼청동 주택,
서울, 1997.
대지 주변의 암석군을
패러디한 형상으로,
한옥 후면의 기단부로
인식된다. 내부에는
자연과 소통하는 천창,
이웃방과 소통하는
소리통로가 있다. 내부
디자인의 모티브는
쿠르트 슈비터스의
'메르츠 바우(Mertz
Bau)'에서 연유한
것이다.

근대사회로 재편되는 과정에서 발생한 근원적 사회문제들에서 비롯되었기 때문이다. 그 중에 중요한 하나로 존재하는 것, 즉 사물에 대한 인식의 위기를 들 수 있다. 근대에 들어서 인간과 사물 사이에 진정성이 깃든 관계는 깨어져 버렸다.

"사물은 본래의 의미를 잃고 한갓 대상이자 수단으로 전락했다. 그런 성향은 자연과 인간의 대상화(對象化)라는 비극으로 확대되었다. 그로부터 발생한 분열과 소외를 건축과 도시계획으로 해결할 수 있으리라는 전망은 순진하거나 지나친 낙관이라고밖에 할 수 없다. 하버마스(J. Habermas)의 지적대로 '문화와 생산의 통합은 쉽게 달성될 수 없다'는 전망이 지배적이다. 지난 세기 모더니즘 건축이 한때나마 성공적인 것처럼 보인 것은 근대사회의 여러 절박한 요구들에 적절히, 그리고 재빠르게 부응했기 때문이다. 근대건축의 절반의 성공은 자본주의 체제와 떼어놓고 생각할 수도 없다. 근대건축은 자본주의 체제 내에 생산, 소비, 거래되는 상품이 되어 갔고 진보와 개발

이데올로기를 대변하면서 체제의 존속에 봉사하는 길을 걸어왔다.

순수하고 자율적인 건축이든 대중적인 상업건축이든, 근대건축은 전 지구적인 후기자본주의의 문화적 전략 속에서 생존한다. 난해한 예술적 실험, 공허한 형식 유희, 테크놀로지에 대한 맹신과 굴종, 소비문화의 첨병, 투기와 개발의 하수인, 환경파괴의 주역, 사회적 통제와 조종의 수단 등 이러한 수식어들은 부인할 수 없는 이 시대 건축의 양상이며, 건축이 걸어온 운명이 되었다. 그럼에도 불구하고 아직도 건축가들은 여전히 새로운 건축과 도시를 통하여 많은 것을 할 수 있으리라 믿고 있다. 건축의 힘에 대한 신뢰를 저버리지 않고 있는 것이다. 그것은 당연한 일이다. 건축가가 건축과 도시에 대한 뜨거운 애정과 건축의 영향력에 대한 믿음을 갖지 않은 채 어떻게 좋은 건축과 도시를 만들 수 있겠는가. 그러나 건축이 세상 문제의 만병통치약은 아니라는 사실도 알아야 한다. 사회개혁의 유토피아적 전통과 낭만주의적 선동도 때때로 건축가로 하여금 현실의 냉엄함을 잊은 채 건축과 도시계획의 힘에 대한 근거 없는 과신에 빠져들게 한다. 예를 들어 건축 담론에서 자주 거론되는 장소의 회복, 공공성의 회복, 소통의 회복, 축조와 상징의 회복, 지역성의 회복 같은 화두는 매우 중요하지만, 그것을 통하여 저절로 현대인의 문제인 삶의 소외나 땅의 상실이 해결되는 것은 아니다. 그저 일정한 기여를 할 수 있을 뿐이다. 건축의 진정한 한계를 깨닫고 건축이 할 수 있는 일과 할 수 없는 것이 있음을 깨닫는 것이야말로 새로운 건축과 도시를 구상하는 데 선행되어야 할 필수불가결한 일이다." (강혁, 「위기의 건축과 건축의 종언」『이상건축』, 2001. 1)

건축가 없는 건축, 소위 토속건축으로 분류되는 농경사회의 촌부들이 지은 살림집들을 되돌아보면, 그것은 한마디로 지극히 건강하고 윤리적인 건축이라 말할 수 있다. 주변에서 구할 수 있는 최소한의 재료로 최상의 주거환경을 만들면서 민가들을 둘러싼 자연환경과 조화를 이루어낸 과거의 지혜

김영섭, 뱀부하우스, 서울, 1995.(pp.74–75)
한옥의 목조 가구식 구조를 콘크리트 가구식 구조로 치환한 시도이다. 한국음식 전문점인 이곳 내부 인테리어의 색조는 전통 염색과 옷감에서 차용했고 화강암과 전통건축의 빛 바랜 화각담의 색조를 사용했다.

와 비교해 보면, 지식과 정보로 넘쳐나는 오늘날의 산업사회는 아직도 환경과 조화를 이루기는커녕 오히려 자연과 주거 양쪽 모두를 해치고 있다. 그것은 분명 건축과 도시를 만드는 사고가 사람들이 원래 속해 있던 자연 모더니즘이라고 하는 인위적 형식 속에서 해결책만을 찾으려 했기 때문이다. 건축과 도시는 무(無)에서 창조되는 것이 아니라 결국 지역풍토 속에서 지속되어 온 생활의 지혜에서 출발해야 하는 것임에도 불구하고, 오늘날의 사람들은 전혀 낯선 곳에서 그 해답을 찾아 헤메고 있다고 해도 과언이 아니다.

모더니즘과 지역주의 나는 평소 문화라는 말을 그 시대가 가진 정보의 축적이라고 해석한다. 여기서 '축적'의 뜻은 생성하거나 소멸되는 것을 포함하는데, 이미 존재했던 것, 현재 존재하는 것, 그리고 앞으로 존재할 수 있는 것뿐만 아니라 사라졌거나 지금 사라지는 것의 흔적조차 이 축적이라는 틀에 담긴다고 믿는다. 그러므로 바로 이전의 시간은, 건축이라는 지금 내가 행위하는 모든 과정과 모습에 당연히 투사된 것이라 생각한다. 20세기 건축에서 제기된 모더니즘은 다분히 좁은 의미를 띠고 있어서, 고전과 대비되는 것이거나 20세기초 서구로부터 유입되기 시작한, 동양의 전통문화와 상치되는 서양문화로 해석하는 묵시적 합의에서 출발할 수밖에 없다. 또한 서구 모더니즘은 언제부터인가 우리 앞에 흐르기 시작한 지역간의 차별과 동서 구분의 강 위에 놓인 커다란 다리로 인식되었다는 것, 그리고 어느날 대문을 열고 나가 보니 단절된 이쪽(지역성)에서 저쪽(세계성)으로 건널 수 있는 유일한 다리이자 편리한 통교(communicabilitas)의 수단으로, 모든 사람에게 희망의 길로 이용되어 왔다는 것도 전제로 하고 이야기를 시작해야겠다. 모더니즘은 사회주의 문명사가 안토니오 그람시(Antonio Gramsci)의 말처럼, 제국주의와 후기자본주의시대에 자본과 힘에 의해 "우리에게 강요된 보편적 인식"일 수도 있으며, 우리는 우리가 원했든 원치 않았든 그에 상관없이 우리 역사가 강제로 수태당한 근대화라는 역경과 인고의 시간 속에서

숙명적으로 태어난 혼혈아(지역 모더니즘)를 어쩔 수 없이 키워야 한다는 것이 중요한 상황 인식의 출발이 된다고 나는 믿는 것이다. 그러나 이미 우리 안에 들어와 있는 모더니즘이라는 씨앗은 도시뿐만 아니라 농촌과 어촌, 강변과 깊은 산 속까지 전국 어디에나 혼재의 씨앗을 뿌리는 원인 제공자이자, 이 혼재의 상황을 올바로 수습할 수 있는 유일한 내안저럼 보이는 가면과 실상의 양면성을 지니고 있다.

20세기 이전 세기의 모더니즘이 그러했던 것처럼 금세기에 탄생한 모더니즘은 이 시대뿐만 아니라 앞으로 다가올 시대에도 매우 중요한 정보임에 틀림없다. 그러나 모더니즘의 탄생과정을 살펴보면 알 수 있듯이, 모더니즘은 그 이전 문화에 대한 반발과 단절의 선언에서 태어났다는 점에 유의해야 한다. 19세기말 "다가올 20세기라는 미증유의 불확실한 대중시대에 대비하지 않으면 안 된다"는 사람들의 노심초사에서 태동한 모더니즘은, 대중사회에 대한 지나친 우려와 기계문명에 대한 공포심에 가까운 경이 속에서 탄생했다. 즉 화가와 조각가, 건축가와 공예가라는, 현실과 미래를 필요 이상으로 극명하게 인식하고 표현하는 데 길든 예술가들에 의해 신세기가 예비되고 주도되었기 때문에 20세기는 필연적으로 기계주의 미학의 시대가 되었고, 그러한 배경에서 태어난 아이에게 사람들은 모더니즘이라는 총체적인 이름을 다시 부여하고 미래에 대한 모든 희망과 축복을 쏟아 넣었다는 점도 아울러 기억해야 한다. 따라서 20세기가 기계주의 미학으로 한껏 치장한 또 하나의 모더니즘이라는 신화의 시대임을 가정하지 않는다면, 지금의 21세기에 우리 도시와 거리에 새롭게 갈아입힐 옷은 없는 셈이 된다.

노자의 『도덕경(道德經)』을 유추해 보면 현대의 모더니즘도 모더니즘 이전에 씨앗이나 온전한 형태로 고전과 전통에 내재되어 있었을 것이 틀림없다. 원시미술이 현대미술에 직간접으로 영향을 주었던 것처럼 말이다. 그러므로 우리나라의 모든 창작행위자, 예술가들이 모태로부터 받은 서구 모더니즘에 대한 콤플렉스는 전통미학에 대한 사적(史的) 고찰의 방법으로 거슬러

올라가 그 매듭을 풀어야 한다. 서구문명이 전통과의 단절을 선언할 당시, 목욕물과 함께 버려졌을지도 모르는 아이(역사의 연결고리)를 다시 찾아 헤매는 도중에 발견한 사생아들—미국적 후기자본주의의 산물인 포스트모더니즘과 미완성 사회주의의 미학인 러시아 구성주의를 다시 찾아보고 되새김질하는 가운데 만들어진 해체주의를 예로 들 수 있을 것이다—로 한때를 풍미했던 현상들을 침착하게 관망했다면 우리도 다가오는 세기에 우리 자신에게 맞는 옷을 만들 수 있다는 기대와 희망을 가질 수 있을 것이다.

기억과 소망 나는 이차대전이 끝난 지 오 년 후인 1950년 한국전쟁 직전에 한반도의 서남쪽 끝 목포라는 항구도시에서 태어났다. 어린 시절 피난지 부산에서 첫 시야에 들어온 색깔은 유엔군의 옷 색깔인 밀리터리 그린이었다. 군인과 무기를 엄폐하기 위한 위장 목적을 가진 어두운 녹색이나 카키색과의 첫 대면은 그후 내 머릿속에서 지워지지 않는 색으로 기억되었다. 그리고 그것은 내 평생을 지배하는 무의식 속에 자리잡았다. 오십 년의 세월이 지난 요즈음도 아이들과 함께 산행을 위한 캐주얼 옷을 고를 때면 나는 십중팔구 어두운 녹색이나 카키색을 골라 든다. 점원이나 아이들이 권하는 블루진 의상 앞에서는 매우 어색한 몸짓을 하게 되는 것이다. 오 년 전에 인도의 찬디가르를 방문할 기회가 있었는데, 역시 그곳 쇼핑센터에서도 나는 아주 아름다운 짙은 녹색 셔츠를 발견하고 기뻐했던 기억이 난다.

청소년기와 청년기를 한국의 저돌적 근대화 과정과 함께 보낸 세대들은 근대화와 국제화 교육이라는 미명하에 참으로 많은 독서를 해야 한다는 강박관념에 시달렸다. 독서의 대상이 된 대부분의 책은 동양의 고전보다는 서양의 문명과 사상에 관한 것이었다. 그러한 책의 번역본들은 때때로 의미 전달이 정확하지 않아 성숙하지 않은 나이에 소화하기 어려운 것이 많았다. 청년기를 지나고 나서야 한국인이 한국문화를 이야기할 때조차 서양의 시각과 방법론으로 말하고 있다는 사실을 깨달았는데, 나 자신부터 이러한 습관에서 벗어나기에는 매우 늦었다는 느낌도 들었다. 서구 일변도의 독서 습관은, 서구인의 논리 전개과정 중에 빈번히 빠져들어 나 자신이 동양인이면서도 자신이 이 세계 어디에 속하는지를 알기 위해서 또 다른 서양인이 쓴 역사비판 서적을 읽게 했다.

1990년대의 급속한 정보화에 따른 변화와 인터넷 혁명으로 대변되는 세계적인 정보세계의 결속은 긍정적인 면과 부정적인 면을 모두 가져왔다. 필요한 정보를 찾기 위한 노력에 부가되는 필요하지 않은 정보와의 우연치 않은 만남이 바로 그것이다. 정보의 홍수 속에, 자칫 전 세계가 헤엄쳐 나오기 힘든 불길한 상황을 예언하는 사람들도 나타났다. 인간이 살아가는 데 꼭 필요한 최소한의 정보가 무엇인지를 우선 생각해야 한다고 그들은 주장한다. 또한 그들은 사람에게 본래 태어난 환경과 풍토 속에서 자유롭게 살아갈 수 있는 주거환경을 조성해 줌으로써 현대의 도시에서 유목민화해 가는 사람들을 구원할 수 있다고 예언자처럼 외치고 있다.

결과적으로 미국과 유럽인들의 실험장이 되어 버린 아시아의 여러 도시에

김영섭, 청양성당, (충남 청양, 1999, p.83)과 실내 조명의 모델이 된 한옥의 조명. 청양시내 뒷산의 정자와 대비되는 바람 언덕 위의 성당. 실내의 조명은 한밤중 청양시내의 랜드마크가 되기도 하는데, 이것은 한옥의 조명에서 아이디어를 얻은 것이다.

서 서구화한 유토피아를 꿈꾸던 아시아의 건축가들은, 세기말과 세기초에 불어닥친 변화와 충격으로 한 인간의 이상과 지혜로 도시가 계획되고 다시 새롭게 창조될 수 있다는 신화를 더 이상 믿지 않게 된 것 같다.

인도에서는 이미 찬디가르라는 빛나는 도시(The Radiant City, 르 코르뷔지에의 근대도시에 관한 책의 제목이기도 함)의 신화가 심판대에 오른 지 오래다. 우리 아시아인들이 창고 깊숙이 넣어 둔 옛 방식대로 삶의 일부를 다시 꺼내고 전통에 눈을 돌리기 시작한 것은 최근의 일이다. 아시아인들에게 "근대화의 수단은 바로 모더니즘이다"라고 강요하던 서구인들도 지금에 와서는 아시아인은 자신의 고유전통을 살리지 못하고 정체성을 상실한 혼재된 도시와 건축을 만들었다고 손가락질한다.

나는 이제 아시아 건축은 자신의 풍토에서 그 목표를 정하고 그 목표가 지향하는 바를 추구해야 한다고 믿는다. 아마도 그것은 궁극적으로 동서양 구분이 아닌 공생의 세계를 지향하는 것이 될 것이다. 등산가들에게 아직 오를 산이 남아 있다는 것이 무한한 행복인 것처럼, 아시아 건축가들에게는 전통 속에 남아 있는 모더니티라는 새로운 믿음 속에 그리는 산이 있어야 한다고 믿는다.

근대화의 상징이 된 홍콩과 상하이, 콸라룸푸르 같은 아시아의 도시들은 서양인들에게는 그들의 유토피아를 구현하는 일차적 실험장에 지나지 않을지도 모른다.

새로 개발되는 아시아의 도시들에서 도시가 갖는 고유의 정체성이 상실되면서 사람들이 깨달은 것은, 주체화한 모더니즘 건축이 어디서나 복제 가능하다는 사실이다. 그리고 오히려 그것으로부터 한 도시를 특징짓는 지금까지의 분위기가 사라지고 있다는 것을 알게 되었다. 특히 한국에서는 지난 사십 년간 후기 자본주의 근대화 도정에서 생겨난 사회적 모순이 폭주했고 그 과정이 너무나 급격하고 거칠었기 때문에 나는 이것을 '저돌적 근대화'라고 부른다. 도시를 지탱하는 도시 고유 환경의 붕괴가 집단적인 차원에서

김영섭, 안양중앙성당, 경기 안양, 2003.
죽음과 부활. 초월과 내재. 실체와 공허부가 극적으로 한 공간에서 만나게 되는 통교의 장(場)인 중앙성당. 스테인드글라스의 색채는 색동의 색으로, 제단과 제대벽은 신약과 구약의 상징으로 표현되었다.

FLOWER ON THE ROOF

김영섭, 도쿄 임해 부도심 계획 설계, 2001. 도쿄 만 오다이바 지구 힐십칠 헥타르의 새로운 임해 부도심 계획. 전 세계에서 스무 명의 건축가가 초대되어 도쿄 만 지역을 부분별로 설계 또는 계획했다. 제시안은 한국의 보자기에 수놓인 꽃을 모티브로 한 계획이다. 바다가 조망되는 신도심, 옛 산성 밟기와 같은 스카이워크에 대한 생각이 표현되어 있다.

이루어지는 재개발의 결과를 놓고 사람들은 다시 모더니즘이 지닌 경험의 빈곤에 대해 말하기 시작했고, 상대적으로 풍부한 경험을 가진 과거의 전통과 역사에 눈을 돌리게 된 것이다. 탁월한 식견을 가진 미국의 문화비평가 마사오 미요시(Masao Miyoshi)는 이른바 "국제화한 자본주의 세상이라는 것은 지식인들이 소속되고 싶어하는 대단히 배타적인 유형의 유토피아"라고 말하며, 리처드 바넷(Richard J. Barnet)은 "세계화 경제라는 것은 최대의 배타성을 통해 세계의 자원을 최대한으로 이용하는 것에 불과한 것"이라고 말한다.

어떤 의미에서 정체성이 없는 국제화한 건축은 비극적 예술이고 비극적 산업이며 따라서 비극적 비즈니스가 될 수도 있다. 국제양식을 지향하는 건축가들은 정체성에 대한 죄의식을 덮기 위해 미학적 이론적 지적으로 경탄할 만한 논리를 전개하지만, 아무 곳에도 소용없는 복제된 외양과 형태를 만들어내는 결과를 초래할 뿐이다. 서양문화의 전개과정이라는 시각에서 살펴

보면, 만프레도 타푸리(Manfredo Tafuri)의 말대로 피터 아이젠만(Peter Eisenman)이나 로버트 벤투리(Robert Venturi)의 건축작품집을 읽는 즐거움은 모두 지적인 것에 기인한다. 서양문화사와 유형학을 모르는 사람들은 이러한 지적 유희를 공유할 수 없다는 이야기로 들린다. 그러나 나는 순수한 감성과 지역풍토에서 우러나는 사고 그 자체만으로도 접근할 수 있는 루이스 바라간(Luis Barragan)과 루이스 칸(Louis I. Kann)에게서 더 많이 느끼고 배웠다고 생각한다.

국제화한 건축이 그 비극적 속성으로 사람들을 고립시키고 도시를 황폐하게 만들기 전에, 지역건축가로서 내가 해야 할 일은 우리 자신의 과거와 유산을 현재의 일부로 만드는 것이다. 나의 건축은 이러한 가정 위에서 이루어진 것이다. 내 건축의 상당 부분을 차지하는 것은 내가 태어난 땅과 역사적으로 큰 연관이 없는 것처럼 보이는 교회건축(주로 가톨릭 교회건축)들이다. 그렇지만 그것은 복제된 도시에서 장소성을 잃어버린 사람들에게 다시 어떤 특별한 기억을 갖게 하기 위한 나의 건축적 소망을 구현할 수 있는 대상이기도 했다. 교회건축을 자주 다루면서, 동양사상을 배경으로 가지고 있는 사람이 서구 크리스천 문화의 정수인 교회건축을 설계한다는 것이 어딘지 어색했고 때로는 몹시 두렵기도 했다. 또 한편으로는 전통건축에 대한 죄의식도 뒤따랐다. 처음에 나는 이러한 두려움과 죄의식에서 벗어나기 위해, 그리고 다소나마 위안을 찾기 위해 전통건축과 유적을 찾는 여행을 몇 년간 계속했다. 그 결과 지역문화에 대한 결핍된 지식이 어느 정도 충족되었을 뿐만 아니라 외래 종교건축을 다뤄야 하는 어색함에서 오는 불안도 꽤 해소되었다. 전통건축과 마을들은 나의 희미한 옛 기억을 되살아나게 하여 나의 건축을 변화시키는 힘이 되기도 했다.

그것들은 지금 내게 어떤 의지와 열망에 의해 변신된 모습으로 나타나고 있다. 나의 새로운 교회작품마다 변화를 보이는 건축의 형상과 공간의 모습은 마음속에 잠자고 있던 과거 기억들과의 만남 때문에 가능했던 것이다. 이것은 서구 일변도의 모더니즘에 대한 막연한 믿음과 기대 뒤에 이어진 실망을 보상해 주고도 남는 것이어서, 현재 내 작품은 우리 전통 속에 숨어 있는 '지역 모더니티' 읽기라는 새로운 시도를 확장하는 단계에 와 있다. 사람들로 하여금 잠자고 있던 이 땅의 옛 선인들의 지혜와 미학을 내 건축에 다시 일깨워 살아 있는 숨결을 느끼게 하는 것, 그것이 내 건축의 목표가 되고 있다.

이러한 배경에서 나는 우리 고전과 전통에 담겨 있는 고유의 모더니티를 읽어내는 일과 그것을 이미 익숙해진 서구의 모더니즘이라는 틀에 융합하는 일을 시도하고 있다. 그리고 더 나아가서 그 속에 담긴 고유의 모더니티와 지역주의 미학이 넘쳐 흐르고 뜨겁게 발전되어 완강한 서구 모더니즘의 틀마저 용해시켜 버리는 과정이 나의 창작행위 —이 땅 위의 건축이라는 행위 — 속에서 분명하게 나타나기를 희망한다. 그러므로 나에게 서구 모더니즘은 오늘의 수단인 동시에 미래에 우리 고유의 새로운 모너니즘으로 치환될 대상인 것이다.

더 나아가서 나는 건축의 방법론에 다원주의적 미학을 도입하려는 시도를 하게 되었다. 그것은 원하든 원치 않든 간에 아시아의 작은 나라 한국 건축가의 처지에서 보면, 피할 수 없는 근대 역사로부터 임신을 강요당한 서구 모더니즘과의 화해 내지는 동양과 서양의 미학이 공생의 실마리를 찾으려는 시도를 의미하는 것이기도 하다. 그러한 시도에는 형태와 공간뿐만 아니라 색채나 질감의 표현과 같은 세부적인 것까지 포함되어 앞으로 적극적으로 나의 모든 작품에 반영될 것이다. 그것은 모더니즘이라는 파란 눈과 하얀 피부로 태어난 아이에게 전통의상과 음식을 적당히 골라 입히고 먹이는 일에 그쳐 버리는 것이 아니고, 새로운 희망과 기대 속에서 태어난 아이를 지역풍토에 맞게, 건강하고 아름답게 키우는 일이 될 것이다.

건축, 미학에서 윤리학으로 **민현식**

삶을 설계하는 예술 알렝 레네가 감독한 영화 〈히로시마 내 사랑〉의 마지막 대사는 도시 또는 환경이 사람에게 끼치는 영향을 직설적으로 드러낸다.

"히·로·시·마. 이게 바로 당신의 이름이야."
"그게 바로 내 이름이야. 그래.
우리는 바로 여기에 있다.
그리고 영원히 이곳에 머물 것이다.
너의 이름은 느베르다.
프랑스에 있는 느·베·르"

이들 남녀의 정체성은 그들이 각각 거주하던 도시의 환경과 그 환경에서 벌어졌던 사건들에 대한 기억으로 형성되었고, 그래서 그들의 이름은 바로 그 도시의 이름과 다르지 않다.
'공간은 사람을 만든다'는 카피가 모기업 광고에서도 등장하듯이, 이제 '존재는 장소에 거주한다'거나 '존재는 기억에 거주한다'는 등의 담론은 별다른 무리 없이 보편적 개념으로 정착하고 있다. 이러한 동의를 바탕으로 20세기 모더니즘 건축의 거장들은 공간 또는 환경을 개조함으로써 인간을 개조할 수 있다는 확고한 신념에 차 있었고, 그들의 작업 상당부분은 이러한 공간혁명에 몰두했다.
현대는 신대륙의 발견, 종교개혁, 프랑스 대혁명, 영국의 산업혁명 그리고 계몽주의 등 역사적인 사건으로 시작하는 시대다. 현대의 특성이 전통과의 단절을 선언하고는 있지만, 실은 과학, 도덕, 예술 등이 서양의 고유한 합리

화의 궤도를 완전히 벗어났다고는 보기 어렵다. 과학과 기술의 발전, 종교의 세속화, 도덕과 예술의 자율화, 민주주의의 원리, 언론의 자유, 비판적 공론영역의 형성 등은 현대가 획득한 돌이킬 수 없는 역사의 성취이며 동시에 양보할 수 없는 가치가 되었다. 바로 인간의 이성을 최상의 가치로 인식하는 시대다. 이러한 시대적 상황에서 20세기 건축의 거장들은 진보된 과학기술과 이상주의를 행복하게 결합시켜서 모더니즘 건축을 구축한다. 새로운 시대에 새로운 정신에 의한 새로운 건축의 실천이 바로 그것이다. 이는 가히 혁명적인 사건이며, 그들의 건축은 전시대와는 판이하게 구별되는 창조물이라 할 수 있다.

르 코르뷔지에는 이전의 양식건축을 철저히 부정하고, 건축은 "빛 아래 자태를 드러내는 매스들의 교묘하고 정확하며 장엄한 유희"라고 정의한다. 당대의 운송기계, 자동차, 비행기, 증기선 등에 심취했던 그는 그의 책 『건축

르 코르뷔지에, 롱상 교회 내부 남측 벽면, 프랑스 롱상, 1955.
빛 아래 자태를 드러내는 매스들의 교묘하고 정확하며 장엄한 유희.

을 향하여』에서 고전시대의 건축물인 아테네 파르테논을 이들과 병치시켜
놓고 양자가 같은 시스템을 갖춘 기계임을 밝히면서, "주택은 삶을 담는 기
계"라는 '기계미학'을 새로운 시대의 새로운 건축미학으로 설정한다.

이러한 기계에 주목한 기술결정론적 건축은 이른바 현대 이성주의의 지원
을 얻어 '기능주의'로 치닫는 한편, 이 '새로운 건축'을 소재로 인간환경을
근본적으로 바꾸는 작업, '현대의 기획(Modern Project)'이 시작되었다. 유
토피아에 대한 꿈의 실현이다.

1920년을 지나는 동안 르 코르뷔지에는 예술가들과 그들의 후원자 그리고 소
수 산업가를 위한 일련의 주택에서 이러한 이상향을 실현하려 했고, 특히 1927
년 독일 슈투트가르트에서 열린 독일공작연맹의 주택전람회(Weissenhof-
Siedlung in Stuttgart)에서 미스 반 데어 로에 등 당대의 젊은 건축가들과 함께
새로운 시대의 새로운 건축, 새로운 도시를 내보였다. 이 전람회의 코디네이

터였던 미스의 "우리는 여기서 집의 형상을 설계하는 것이 아니다. 새로운 시대에 새로운 삶을 설계했다"는 슬로건을 보면, 건축이 단순한 새로운 형태를 만드는 것이 아니라, 그것을 통해 새로운 삶을 제안하고자 한 그들의 이상과 실천의지를 명쾌히 읽을 수 있다. 그들의 합의는 "더 나은 세계를 창조하기 위한 프로그램"을 실현함으로써 사회의 전반적인 상황을 개혁할 수 있으리라는 신념을 가졌으며, 그것은 거의 종교와도 같았다.

환경결정론, 사회공학 그리고 상징적 표현 구세군에서 운영하는 파리의 노숙자를 위한 복지시설인 '피난의 도시(Cité de Réfuge, 1932–1933)'에서 그의 의도는 좀더 명확히, 그리고 직설적으로 구체화한다.

첫째는 환경결정론으로, 물리적 환경을 개선하면 거기에 거주하는 사람들의 정신적 신체적 복지가 함양된다는 것, 즉 깨끗한 공기를 제공하고, 밝은 장소, 좋은 식사 등 물질적으로 안락한 환경에 거주하면 사람들은 신체적으로 건강해질 뿐만 아니라 자신을 개조하거나 개선하려는 의지를 가지게 된다는 확신이다. 둘째는 사회공학으로, 사람들의 태도와 가치관을 바람직한 방향으로 변화시키기 위해서는 더 나은 사회적 환경이 필요하다는 아이디어이다. 마지막은 상징적 표현으로, 사람들이 미래에 더 나은 생활을 할 수 있다는 것을 이해할 수 있도록 설득하는 강력한 도구로서 시각적 이미지를 중시한다.

이러한 믿음과 방법론을 가지고, 파리의 한 슬럼을 수술하듯 도려내고, 거기에 섬같이 특별히 조성된 환경을 만든다. 그리고 노숙자들이 혼돈의 도시에서 다리를 건너 이 구별된 장소로 들어가서 지극히 의도된 일련의 과정을 거치게 한다. 그래서 이곳은 바로 '선(善)을 만드는 기계'가 된다.

스위스 학생관 유니테 다비타시옹(Unité d'Habitation, 르 코르뷔지에가 설계한 독특한 형식의 공동주택) 등에서 실천을 계속해 온 르 코르뷔지에는 투레트 수도원에서 건축적인 성공까지 획득한다. 그의 대표작일 뿐 아니라 20세기의 대표적 건축 중 하나로 일컬어지는 이 수도원에서 그는 피렌체의 갈루초 수도원(La Certosa di Galluzo)에서 수도승들의 공동생활과 개인생활의 구조를 터득하고, 남프랑스 토로네 수도원에서 수기공간(修己空間)에 대한 영감을 얻어 20세기 최고의 걸작을 창조한다. 이 건축에서 르 코르뷔지에는, 그가 토로네 수도원에서 발견하고 찬탄을 금치 못했던 공간을 실현하여 수도하는 승려들의 몸과 마음을 조작하려 했다.

"빛과 그림자는 이 진실의 건축의 대형 스피커다. 고즈넉하고 강함. 여기에 더 더할 것이 없다. 정제되지 않은 콘크리트의 시대인 오늘, 자 인사하자, 축복을 보내자, 그리고 경의를 표하자. 우리 인생 역정에 이 놀라운 우연의 만남에게"라는 칭송을 받는 공간, 이 엄격함과 검소함의 공간, '선을 만드는 기계'에서 명상으로 자신과 싸우던, 진정한 삶을 살았던 사람들, 그들은 참 기쁨을 찾았을까.

이어서 그는 『빛나는 도시(The Radiant City)』로 이상도시의 전형을 제시하고 그것의 실현을 위해 전후 여러 차례 도시설계를 수행했지만 실현하지 못

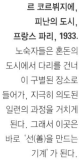

**르 코르뷔지에,
피난의 도시,
프랑스 파리, 1933.**
노숙자들은 혼돈의 도시에서 다리를 건너 이 구별된 장소로 들어가, 지극히 의도된 일련의 과정을 거치게 된다. 그래서 이곳은 바로 '선(善)을 만드는 기계'가 된다.

했다. 그러나 1960년에 이르러 드디어 인도 펀자브 주의 주도 찬디가르에서 그 이상을 실현한다. 새로운 국가를 새로운 시대정신으로 건설하려 했던 네루와 새로운 정신으로 새로운 도시를 실현하려 했던 르 코르뷔지에가 의기투합하여 만든 찬디가르는 그의 모든 건축이상과 인도의 위대한 정신이 융합된 것이다.

모더니즘의 거장들이 구축한 이상적 사고체계는 알프스를 넘어 당시에 유럽의 변방이었던 이탈리아에서 국가주의를 만나면서 변질의 기미를 보이기 시작한다. 물론, '건축 또는 도시를 디자인한다는 것은 그 속에 있게 될 삶을 디자인하는 것'이라는 모더니즘의 본질적 태도가 부정된 것은 아니었다. 오히려 여기서, '건축을 통해 인간의 삶을 조작'할 수 있다는 신념은 더욱 강화되었다. 다른 한편, 순수한 이상은 논리적 성취만 거둘 뿐이고 현실에서는 실현되기 어렵다는 이상주의의 운명적 모순이 이탈리아의 당시 상황에서 더욱 여실히 드러나게 되었다고 볼 수 있다.

모더니즘이라는 혁명적 이데올로기와 새로운 실천을, 한때 세계를 이끌었던 위대한 유산을 가진 국가가 수입했을 때, 우월감의 손상에 따른 거부감은 상대적으로 깊어지고 반면 거기에 대립하는 새로움에 대한 열망은 상대적으로 커졌다. 극단적으로 대립하는 이러한 거부감과 열망의 복합적 에너지는 그들 나름의 절충된 정체성을 구축하기 위해 골몰하는 데 분출되었다. "우리의 과거와 현재가 양립할 수 없는 것은 아니다. 우리는 우리 자신의 전통적 유산을 무시하고 싶지 않다. 전통 그 자체를 변형하고 극소수에게만 인식될 수 있는 새로운 측면을 부여하는 것이 바로 전통이다"라고 표방한 '그룹 7'의 건축가들은 모두 이탈리아 고전주의라는 국가주의적 가치관과 모더니즘 시대 특유의 구조적 논리 사이에서 새롭고 합리적인 종합을 성취하려고 했다. 특히 무솔리니가 집권 초기에 표방한 만인평등의 이상사회 건설에 부역한 '그룹 7'의 건축가들은 이탈리아의 위대한 전통건축을 추상하고 가장 순수한 기하학적 형태를 도출하여 모든 계층의 인민이 가지고 있던

건축의 기억을 지움으로써 평등의 건축을 실현하려고 했다.

1932년 주세페 테라니(Giuseppe Terragni)는 이탈리아 합리주의 건축운동의 규범이 되는 '파시스트의 집(Casa del Fascio)'을 만든다. 일차적으로 파시스트의 대규모 집회 기능을 수용하는 섬세하게 다루어진 이 행정건물은 중앙부에 유리지붕의 중정(中庭)을 둔 고전적 궁전을 변형한 것이다. 이 건물은 엄격한 기하학의 조화로운 비례를 가진 백색 대리석 입방체로, 지난 시대의 집에 대한 여러 계층의 기억을 불러올 장식을 완벽하게 배제하고 있다.

국가주의 그리고 파시즘 건축이 파시스트의 혁명원리를 가장 진실하게 표현하는 유일한 방법이라고 주장하면서 그들은 이렇게 말한다. "우리의 운동은 이 모든 상황에서 혁명에 봉사하는 것 이외의 다른 어떤 도덕적 목적도 가지고 있지 않다." 그들은 이것을 성취할 수 있게 해주는 무솔리니의 선의에 기대를 걸었지만, 불행하게도 무솔리니는 초기 순수한 평등 이상사회를 독재와 폭력 그리고 전쟁의 파시즘으로 몰고 가면서 그들을 배반했고, 이들은 모두 지금까지 알려지지 않은 자살 등 원인불명의 죽음을 맞으면서 이 운동

알베르트 슈페어,
신베를린 계획
남-북 축,
독일 베를린, 1937.
자유로부터 도피한
인민들이 그가 조작한
과대망상의 공간에서
마치 마약에 중독이라도
된 듯 "하이, 히틀러!"를
외치게 하는 힘은
무엇으로부터
나오는가.

은 짧게 끝나고 말았다. 하지만 이들의 작품은 여전히 합리적으로 조직되고
문화적으로 계급차가 없는 사회를 위해 이상적인 환경을 실현하려는 노력
을 입증하고 있다. 이러한 이상이 일반적으로 사회에서보다는 그들 건축의
투명한 논리성에서만 성취되고 있는 것은 역사의 아이러니이기도 하다.

건축이 인간의 삶(사고와 행동)을 조작하거나 지배할 수 있다는 생각을 모더
니스트들이 처음 발견한 것은 물론 아니다. 고대 로마의 황제를 비롯하여
역사상 대부분의 독재자가 건축을 인민의 추종을 설득하거나 정치적 선동
의 도구로 이용한 예는 수없이 많지만, 아돌프 히틀러만큼 적극적이며 효과
적으로 이용한 사람은 보기 드물다. 그 자신이 직접 설계를 한 건축가이기
도 했던 히틀러는 빗나간 천재 건축가 알베르트 슈페어(Albert Speer)를 등용
하여 나치 건축 및 도시를 설계하게 했다. 슈페어에게는 주세페 테라니 등
이탈리아 합리주의 건축가들이 가졌던 순수한 이성도 없었고, 새로운 건축

의 창조성도 찾아볼 수 없었다. 단지 신고전주의를 노골적으로 변형하는 일에 천착했을 따름이다. 거대한 스케일의 건물이 쏟아내는 끊임없이 확장되는 과대망상증으로 인해, 선의의 질을 가진 어떤 아이디어도 희생되어 버린다. 다소간 비정치적 흥행사로서 그는 표면적으로 정치적 지위가 보장해 주는 권력을 유지하기 위해 주문과도 같은 술법에 급속히 빠져들었고, 점차 리얼리티를 포착하는 데 실패했다.

그럼에도 불구하고 '자유로부터 도피' 한 인민들이 그가 조작한 과대망상의 공간에서 마치 마약에 중독이라도 된 듯 "하이, 히틀러!"를 외치게 하는 힘은 무엇으로부터 나오는가. 사고와 행동을 지배하는 건축공간의 힘에 또다시 전율하게 된다. 그리고 그것이 전쟁과 폭력이 광란하는 파시즘 건축일 때 더욱 위력을 발휘한다는 점이 우리를 우울하게 한다. 결과적으로 20세기는 이상주의로 출발한 모더니즘의 빗나간 논리와 실천이 엉뚱하게도 파시즘에 복역하는 악역으로 그 종착역에 이르게 되었다.

이상주의가 넘쳐나면서 거장들의 작업은 자신들이 만든 시대정신의 틀로 세상을 조작하려 했고, 그래서 그들의 도시와 건축은 시간성이 배제된 일정한 목표가 완성된 다음에 작동해야 하는 그러한 것이었다. 이러한 결과를 만날 때마다, '공간이 그 안에 있는 사람의 행동과 사고를 지배한다' 고 믿고 공간으로 인간 개조를 꿈꾸던 20세기 거장들이 확신했던 환경결정론, 사회공학 그리고 상징적 표현을 새삼스럽게 성찰하게 된다. 이러한 사고를 바탕으로 오랫동안 우리의 건축적 사고를 지배해 온 '건축을 디자인한다는 것은 그 속에 있게 될 삶을 디자인하는 것' 이라는 모더니즘적 정의가 요즈음 들어 자꾸만 부담스러워진다. 이러한 담론의 본질적 의의를 근본적으로 부정하려는 것이라기보다, 이러한 언설에 '건축을 통해 인간의 삶을 조작' 하려는 위험이 감지되기 때문이다.

21세기를 위한 건축의 새로운 화두 만일 모든 사회, 특히 다원화한 현대사회

는 하나의 지배적인 그 무엇이 항속(恒續)하는 것이 아니라 끊임없이 균열하고 해체되며 재구축되는 과정에 있으며, 또한 그 변화의 인자는 지금까지 사소한 것으로만 보아 왔던 일상에 있다는 것에 동의한다면, 지난 시대 거장들의 사고와 작업은 어떤 방법으로든 극복되어야 한다. 그래서 우리가 정작 주목해야 할 것은 전체를 추상화한 전능과 질서가 쌍을 이룬 환상이 아니라 가까운 일상, 손에 닿을 듯한 사소한 것이며, 이러한 미세한 것이 의미를 가지게 되고 신화가 되며 축적되어 역사가 되는 도시와 건축이 요구되는 것이다.

이제 '건축의 생명은 영원하다' 또는 '건축의 본질은 공간에 있다' 등의 20세기의 암묵적 합의에 진지한 의심이 필요하다. 오늘날의 전자적 기술과 산업의 본질적인 가치는 오히려 단명성(短命性)과 변화에 있으며, 건축의 가치는 공간의 미학에만 있지 않다. 건축은 단지 다양한 삶을 그 속에 있게 하는 조직의 개념이 지배하는 '장치물'일 따름이다. 그리고 도시는 단일한 개체로서의 건물들의 단순한 집합이 아니기에 이제 우리는 그것들을 조직하는 관계에 더욱 주목하게 된다. 그런 연유로 우리의 관심은 철학 또는 미학을 떠나 고고학, 인류학, 언어학, 수학, 물리학, 생물학 등으로 옮아간다.

이 시대의 도시와 건축은 우리의 삶을 지배하기보다 끊임없이 변화해 가는, 그것도 아주 미세하게 변해 가는 삶을 위한 배경이나 장치가 되었으면 한다. 그렇기 때문에 어떤 삶과 사고를 강요하는 상징적 형상은 이제 사라져야 하고, 공간의 감각은 지속적으로 일의적(一義的) 감동을 제공하는 것이라기보다 가능성으로만 가득 차 있게끔 중성적이고 얇아야 한다. '건축은 빛 속에 자태를 드러낸 매스들의 교묘하고 정확하며 장엄한 유희'라기보다 삶이 드러나는, 빛과 바람에 끊임없이 출렁이는 보편 공간, 색깔이 제거된 불확정적인 공간이 좋다.

이러한 생각은 '건축들이 모여 하나의 특질있는 환경을 만든다'는 모더니즘적 생각에서 '환경 또는 땅의 조건들에서 건축이 도출되어야 한다'는 관점

봉정사(鳳停寺)
영선암(靈仙庵),
경북 안동.
자연을 향해 열린
누마루.

병산서원(屛山書院),
경북 안동, 17세기.
만대루에서 내다보는
낙동강과 병산, 경북
하회마을. 천지인을
하나로 여긴 자연관에
근거한 우리의
전통건축, 특히
기오(寄傲)의 정신으로
자연을 향해 열린
수기공간(修己空間)을
만들어낸 조선 선비들의
집은 우리에게 가장
훌륭한 교과서가 된다.

**민현식, 인포룸,
경기 파주출판도시,
2000.(pp.100-101)**
심학산과 한강의 낙조를
잇는 선 위에
이 마당을 놓는다.
이 특별한 자연과의
관계는 이 마당이 다른
마당과 구별되는
'특별한 마당'이
되게 한다.

으로 전환하게 한다. 이러한 조건들은 무성격의 공간이 되어 버릴 가능성이 있는 불확정적 공간을 특별하게 할 것이다. 땅의 변별성이 공간 또는 건축의 변별성이 되는 것이다. 이는 건축을 하나의 오브제로 보기보다는 환경을 구성하는 하나의 인자로 보는 것이며, 따라서 건축과 건축, 건축과 주변환경의 관계에 주목하여 인간과 환경에 대해 건축이 가져야 할 윤리의식이 더 중요한 자리를 점한다.

이런 연유로 새 천년을 여는 「베니스 비엔날레 2000」의 '덜 미학적인, 그래서 더 윤리적인(Less Aesthetics, More Ethics)' 이라는 테마는, 과학과 이성이 쌓아 놓은 20세기의 성취들을 심히 우려하는 눈으로 볼 수밖에 없는 현재 상황에 대한 깊은 반성이며, 이제 우리의 건축에 대한 관심이 미학에서 윤리로 이행해야 한다는 의식의 발현이기도 하다.

'땅과 사람에 대한 건축 윤리.' 이때 우리는, 천지인(天地人)을 하나로 여긴 자연관에 근거한 우리의 전통건축, 특히 기오(寄傲)의 정신으로 자연을 향해 열린 수기공간을 만들어낸 조선 선비들의 집이 우리에게 가장 훌륭한 교과서가 되고 이러한 집들을 유산으로 가지고 있는 것에 넉넉한 자긍심을 가져도 좋겠다. 집 모양을 건축가의 의지대로 상상해 그려내기보다 우선 주변환경을 잘 살펴야 하고, 그 결과가 설정하는 조건으로 집을 만들어 이것이 한동안 환경과 끊임없이 상호작용하며 세련되어 가면, 어느 날 그 집도 주변환경의 한 인자로 근사하게 변용되어 있을 것이다.

민현식,
한국전통문화학교,
충남 부여, 2001.
(pp.102–103)
배산임수의 지형지세를 추상화하여 만든 경사진 바닥판은 마치 전자조직의 질서와도 흡사하여 시작과 끝이 없으며, 끊임없이 변화하는 흐르는 운동성을 본질로 한다. 그래서 이 바닥판은 주어진 기능을 디자인하는 것이 아니라 그곳을 점유하는 방식에 따라 그 장소의 성격이 규정되고 순간순간 때에 따라 정해지는 조건에 대응되어 당분간 지속되는 변화성과 탄력성이 극대화한 것이다.

쉘 위 댄스? **이종호**

기원과 소통 무엇인가의 기원을 묻는 것은 새삼 그것의 가치를 묻는 일이다. '건축이란 무엇인가' 라는 물음 역시 그러하다. 오늘 두 가지의 배경이 그 물음의 이유가 될 것이다. 그 중 하나는 지난 반세기 동안 이 나라의 건축에 관해서이다. 너희 건축가들, 이 나라의 개발시대 속에서 엄청난 물량을 소화해내 왔으되, 그 결과 이다지도 지리멸렬한(?) 환경을 만들어 왔으니 이제 좀 반성적으로 건축을 묻고 또 행하면 어떻겠느냐 하는 이유일 것이다. 다른 하나는 이제 이 사회도 건축이 가지고 있는 의미와 건축을 행하는 건축가들의 진정성을 이해하고 받아들일 준비가 되었으니 그것에 걸맞은 차원에서 사회와 소통이 가능한 발언을 풀어내 달라는 이유일 것이다.

사실 지금 우리 사회가 건축에 대해 가지는 관심과 호기심은 그 어느 때보다도 높다. 그래서 이 글에서 건축에 관한 또 한 차례의 오랜 기원과 오늘의 가치를 열심히 펼쳐 내보일 수도 있을 것이다. 하지만 그 이전에 나는 더 근본적으로, 건축을 설명하려 시도하는 이야기들이 사회와 이루려 하는 소통의 구조에 대해 애써 의문을 가져 보려 한다. 그러나 미리 밝혀 둘 것은 그러한 이유로 이 글의 방향이 더 쉬운 소통의 방법을 제시하려는 데 있지는 않다는 점이다. 오히려 사회와의 소통이라는 바로 그 문제가 건축에 있어서는 애당초 근본적인 장애의 구조를 가지고 있음을 말하려 한다. 그러하기에 오히려 그와 같은 장애의 구조를 인정하는 서로간의 인식이 먼저 필요하다 말할 것이다. 그럼에도 불구하고 특히 이 시대를 돌파하고 살아 나가기 위해서는 건축과 건축이 속한 사회가 서로 공유하지 않으면 안 될 부분들이 남아 있으며, 그것이 무엇인지 특히 당신에게 말하려 애쓸 것이다.

소통의 장애는 어디서 오는가 건축에 대한 관심이 증가하는 정도와는 달리 아직도 건축을 이해하는 것이 보통 사람들에게 쉬운 일은 아니다. 뿐만 아니라 심지어 매체의 데스크들도 건축을 다루고 기사화하는 데에는 다른 장르에 비해 큰 어려움을 겪는다고 자주 말한다. 도대체 건축이 무엇인지 이해하는 일이 왜 그리 쉽지 않은가. 이른바 건축가라 불리는 사람들은 우리가 익숙하게 살고 있는 집과 도시들을 잘 만들어 우리들이 잘 살 수 있도록 기획하고 실현해 나가는 사람들일 터인데, 지금 건축의 옷을 입은 그들은 왜 그들이 가진 건축에 대한 생각과 실천 모두에서 우리들이 이해하고 접근하는 데에 무언가 모를 어려움을 느끼게 하는가. 설령 대중적인 글쓰기를 통해 건축의 어떤 부분을 설명한다 해도 그것이 그의 건축을 이해하는 데에는 항상 충분치 않은 이유는 무엇인가. 만드는 자와 이해하는 자 사이의 전문 지식의 차이 때문인가. 아니면 만들어진 것이 가지고 있는 정도 이상의 어떤 복잡성 때문인가.

건축이론가 배형민은 최근 그의 책 『포트폴리오와 다이어그램(*The Portfolio and the Diagram*)』을 통해 "일반인들이 건축에서 느끼는 거리감은 건물을 짓는 데 동원되는 전문적인 공학지식이 부족하기 때문은 아니다. 작은 살림집일지라도 온전한 집 한 채를 잘 설계하기 위해서는 다양하고도 독특한 지식, 경험, 재능 그리고 실천 능력을 갖추어야 한다. 건축가가 세상을 바라보는 독특한 시각, 그리고 세상 속에서 또 하나의 작은 세상을 만든다는 것 그 자체가 심오하고 어려운 과정이다"라고 말한다. 계속해서 그는 "건축이 가장 사회적인 예술이라 할지라도 이러한 과정(집을 기획하고 지어 나가는—필자)은 건축주나 대중에게 납득은 될지언정 그들을 위해서 쉬워져야 할 이유가 없다. 쉬워진다고 더 좋은 건축이 만들어지는 것은 아니기 때문이다. '건축을 하는 목적'은 사회와 공유해야만 집이 지어질 수 있겠지만 '건축을 하는 방법'은 사회와 공유해야 할 필요가 없는 것이다"라고 단락을 맺는다. 말하자면 만드는 자와 이해하는 자 사이에 놓인 소통장애의 한 이유는 바로

이종호 · 양남철,
바른손센터,
서울, 1994.
대지의 위치는
사당대로의
변곡점이었고, 건물의
네 면은 주변의
상황에서 비롯된
각각 다른 논리에 의해
구성되었다. 그리고
가로의 흐름을 건물
깊숙이 끌어들이려
했다.

건축가들이 사회에게 애당초 서로 공유하기 곤란한, 자신들이 가진 '건축을 하는 방법'을 전달하려 애쓰는 데 있다는 것이다. 달리 말하자면 그 '건축을 하는 방법'이라는 것이 무엇으로 나뉘어 분석, 전달될 수 있는 구체적인 덩어리가 아니기 때문일지도 모른다. 건축가들이 이것이 내 건축, 내 생각이라고 전달하는 내용이란 건축가가 행한 작업 중 극히 작은 한 편린이며, 건축가가 이미 몸에 익힌 건축에 대한 생각 중 극히 작은 한 단면일 가능성이 높은 것이다. 그러기에 많은 경우 건축가들의 언어적인 표현은 작업의 전체이기보다는 단지 작업의 결과를 이해하기 시작하게 만드는 작은 입구에 불과한 것이다. 더욱 근본적으로는 건축이 비언어적인 표현 영역에 있기 때문이다. 우선 함께 인식할 일이 그것이다. 건축을 만드는 자와 이해하는 자 사이의 장애는 언어로써 극복되지는 않을 것이라는 점이다. 소통에 대한 기대는 '건축을 하는 방법' 또는 이해하는 방법에 대한 긴 설명보다는 '건축을 하는 목적'을 내보이며 그에 대한 이해를 구할 때 비로소 시작될 수 있을 것이다. 그리고 그것이 더 의미있는 일이다. 그러나 건축을 하는 목적이란 각각의 시대에 따라 변하기 마련이다. 비바람을 피하면 될 시기가, 권력을 표상해야 할 시기가 있었다. 새로운 생산 시스템들을 수용해야 할 시기가, 급격히 늘어나는 도시의 인구를 수용하고 그들의 삶의 질을 고민해야 할 시기가 있었다. 그렇다면 오늘, 건축을 하는 목적이 겨냥해야 할 상황은 무엇인가. 그리고 그 상황으로 인해 건축이 당신에게 이해를 구하고 공유를 권유해야 할 내용은 과연 무엇인가.

현대의 건축가들은 어떠한 상황에 놓여 있는가 건축가의 언어적 표현에는 그가 작업을 통해 포착하고 종합해낸 (그리고 그 태반이 서로 종속변수인) 수많은 인자들 중 극히 일부분만이 언급된다. 그것이 건축이라는 장르의 가장 두드러진 특성이다. 어느 장르의 작업이 수없이 많은 변수들을 동시에 찾아내고 그 속에서 본인의 이성과 감성을 총동원할 수 있겠는가. 그리고 그 속

이종호·양남철, 메타 스튜디오(2002년 월드컵 때의 모습), 서울, 1994.
1994년에 완성된 이 장소에서는 많은 사건들이 벌어졌다. 뿐만 아니라 언제나 그와 같은 사건들을 기다리고 있었다. 장소의 힘은 사건을 예비하고 충동하는 데 있다.

이종호 · 양남철,
메타 스튜디오와
분열의 풍경.
(pp.110-111)
복잡한 머릿속을
닮았다. 이제
어린이극단의 공연장이
되었다.

에서 일정한 균형을 잡으려 애쓰며 또다시 순간적인 판단을 되풀이해 나가
며 종국에는 통합된 하나의 질서로, 세계로 만들어내야 하는 작업이 또 있
겠는가. 특히 현대의 건축가들에게는 더더욱 그렇다. 그들에게는 과제를 위
협하는 수많은 변수들을 동시에 통제해 나갈 수 있는 능력이 훨씬 더 강하게
요구되고 있다. 왜냐하면 우리가 지금 살아 나가고 있는 '현대'란 과거의
그 어느 때보다도 건축을 둘러싸고 있는 자본, 정치 등의 권력관계들이 복
잡하게 얽혀 있는 사회이기 때문이다. 그리고 과거의 그 어느 때보다도 각
개인의 표현, 취향 등의 욕구들이 강하게 분출되는 사회이기 때문이다. 커
다랗게 압박해 오는 전체가 있는 반면 끊임없이 나누어지는 개별이 동시에
존재한다. 극단의 시대, 극단의 사회이다. 극단의 사회 속에는 누군가 메워
야 할 커다란 공백이 존재한다. 그리고 그 공백을 메워야 하는 역할은 각자
의 영역에 각각 주어진다. 극단의 시대는 건축가들에게도 날조차 무딘 도끼
자루를 썩혀 가며 밤하늘의 별을 헤는 전 시대의 감상 속에 남아 있기를 허
락하지 않는다.

전체와 개별의 양 극단이 끌어당기는 원심력 속에서, 현대의 건축가들에게
요구되는 능력을 소위 '무한변수 통제능력'이라 불러 보자. 그와 같은 상황
을 건축평론가 샌포드 퀸터(Sanford Kwinter)는 공중전을 벌이는 전투기 조
종사에 빗대고 있다. "공중전은 속도 혹은 전체를 지배하는 동적인 흐름이
가장 기본적인 것이 되는 그 자체만의 독특한 특성을 가지고 있다. …공중
전은 다른 어떤 것보다도 시공간 사이의 연계와 같은 것이다. 조종사는 평
행한 흐름들 사이에서 나타나는 불일치(적기의 뒤얽히는 벡터들)를 탐색해
야만 한다. 그러나 이들 흐름들은 평형상태와는 너무 거리가 멀고 너무나
극도로 긴장되어 있어서 결정적인 불일치들을, 아직 전적으로 최대한도의
긴장상태에 이르지 않은 차원에서 잡아내야만 한다." 연이어 그는 이차대전
당시 미 공군의 전설적 영웅인 예거의 공중전 교본을 인용한다. '첫째, 적이
보는 것보다 더 많이 보라' '둘째, 사차원 전체를 활용하라' '셋째, 탄환을

이종호, 명지대학교
방목기념관,
경기 용인, 1999.
명지대학교의 설립자
방목 선생을 기리는
기념관이자
교수회관이다.
세 개 층의 높이 차이를
갖는 캠퍼스를 연결하여
지루한 경관에
파격을 준다.

날게 하라.'

건축에서의 적(과제)은 내부에 있다. 통제되지 못하는 자본주의 세계체제와
그 반대편으로 뻗는 개개인들의 욕망이 동시에 있다. 생활세계를 위협하는
제도화의 힘과 그로부터 도피하려는 무력함이 동시에 있다. 건축, 건축가
또한 그 속에 있는 것이다. 체제의 껍질 바로 안쪽에 있는 것이나. 하지만
건축가들에게는 그들에게만 위임된 권리와 의무가 여전히 남아 있다. 그리
고 일정한 힘이 남아 있다(고 믿는다). 그러기에 문제는 건축가들의 자각이
다. 오늘날 사회 속에서 자신들의 위치, 즉 체제의 껍질 바로 안쪽이라는 자
각이다. 운동가들은 때로 껍질의 바깥에 놓인다. 그것이 운동가들과 체제의
틀 속에서라도 직접적인 실천을 해야 하는 건축가들의 차이이다. 체제의 껍
질을 가운데 두고 마주한 그곳에서 더 많이 보고, 더 전체를 활용하고 그리
고 마침내 탄환을 날게 해야(실천해야) 한다. 그러기 위해 왜 건축을 해 나가
고 있는지 먼저 이해를 구하고자 하는 것이다.

무엇을 공유할 수 있을 것인가 건축에 대한 오래 된 정의와 규범이 있다. 로
마의 건축가 비트루비우스(Vitruvius)는 쓰임새와 튼튼함과 아름다움을 건축
의 세 요소로 불러냈다. 한참을 지나 근대의 건축은 공간에 주목하기 시작
했다. 그리고 이제 그 공간이 스스로의 논리로 치우치며 사람을 소외시키자
건축은 자신의 중요한 역할을 장소와의 조우에 기대하게 되었다. 장소와의
조우는 특히 건축의 불멸의 대상인 인간, 그리고 그의 '거주' 에 새삼 관심을
기울이게 되었다. 주의해야 할 것은, 뒤에 오는 것들이 앞에 있던 것들을 대
체하는 시스템은 당연히 아니라는 점이다. 그러기에 오늘 관심의 방향이 장
소의 문제로 향하고 있다 해도 형태의 아름다움과 공간의 긴장 또는 설레임
이 그 중요도에서 떨어지는 것은 아니라는 이야기이다. 그런 의미에서 오늘
우리에게, 정확히 말해서 나에게 또 하나의 새로운 관심을 추가한다면 그것
은 '사회적 장소' 에 대한 관심이다. 그리고 그것의 실현을 위한 어떤 과정이

이종호,
광주 비엔날레
프로젝트 4 전시장,
전남 광주, 2002.
전시장은 폐선되고
남은 남광주역에
만들어졌다. 농업용
비닐하우스를 만드는
재료와 공법이
사용되었다.

다. '사회적'이라는 표현은 오늘의 장소가 여기 존재하도록 만들어 왔으며
미래의 장소로 만들어 나갈 사회적 과정에 좀더 주목하길 바라는 마음에서
다. 사실은 그 과정을 탐색하고 그 과정을 준비해야 하는 바로 그 지점에서
비로소 나는 '건축을 하는 목적'에 관해 당신과 공유, 소통해야 할 필요를
느끼기 시작한다. 말했듯이 모든 문제는 과정의 내부에 있으며, 오늘의 시
대는 그것을 함께 이해하고 풀어 나가야 할 내파(內破)의 시대라 한다. 공유
와 소통의 테이블 위에는 우리의 도시가 맨 먼저 놓인다.

오늘 우리의 도시가 보여주는 모습은 다름 아닌 지난 시간 우리가 겪어 온
과정의 모습 그대로이다. 역사의 단층이 있고 추스르지 못했던 급격한 팽창

이 있다. 도시의 조직은 이곳저곳 마찰이 드러나고 도시의 경관은 너무도 혼성적이다. 그 속에 무엇 하나 더해 놓기가 망설여진다. 비난하고 싶지는 않다. 다른 어떤 도시들과 비교하고 싶지도 않다. 단지 그 과정을 이해하고 껴안을 뿐이다. 동시에 당신도 함께 그러하기를 권유할 뿐이다. 과정에 대한 이해의 바탕 위에서 과제는 희망을 향해 나가는 실천으로 넘는다. 극단의 시대 속에 놓인 현대의 도시가 누군가에 의해 메워져야 할 커다란 공백을 가지고 있다면 아시아의 도시들은 또 다른 공백을 하나 더 가지고 있다. 그것은 역사의 과정 속에 어쩔 수 없이 만들어진 삶의 내용과 형식 사이의 공백이다. 시대의 변화가 불러낸 공간형식의 변화를 채 따라잡지 못한 삶의 내용과의 사이에 만들어진 불일치이다. 근대의 덕목들인 시민사회의 도시, 민주주의의 도시, 아니 쉽게 말해서 근대의 도시를 함께 살아 나가는 데 필요한 제도들과 아직 그에 익숙지 않은 고유한 태도들 사이의 불일치이다. 그들 도시에시의 공백의 핵심은 각각의 장소들이 가진 의미의 차이 또는 단

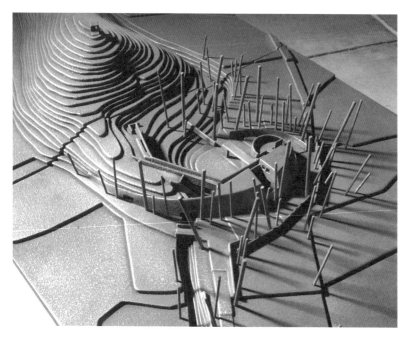

이종호, 박수근미술관 모델, 강원 양구, 2002. 박수근의 생가 터에 세워진 념미술관이다. 능선의 흐름이 그대로 미술관이 되었다.

이종호,
**박수근미술관의 달밤,
강원 양구, 2002.**
박수근의 마티에르와
같은 돌담 위로
유리박스가 솟고
달이 솟는다.

절이다. 이곳이 저곳과 아무런 관계를 가지지 않으며 접속되고 있다. 이미 가지고 있는 의미조차 쉽게 끊어내 버린다.

우리의 도시는 급격히 변화하는 아시아의 도시들에 한 발 앞선다. 그 도시들이 팽창의 진행기라면 우리의 경우는 그 이후의 조정기이다. 이제야 가쁜 숨을 고른다. 스스로의 모습을 찾아 나가려 애쓴다. 어긋난 조직들을 꿰어 맞추고 일상의 삶에 눈을 돌린다. 삶의 형식과 내용이 보여주는 차이에 주목한다. 제도를 점검하고 태도를 추스른다. 그 속에서 희망을 찾는다. 그러므로 희망을 향한 실천의 과제는 각각의 장소들이 남겨 놓은 희미한 의미들을 발굴하고 그것들의 흐름을 일깨우고 다른 장소들과 서로 연결해 나가는 데에 있다. 건축이 그렇게 할 수 있는가. 아니면 누가 또는 누구와? 그리고 어떻게?

분석은 할 수 있으되 실천의 방법을 나는 아직 모른다. 다만 실천을 향해 나서야 하며 그것이 지금 이 시대에서 건축을 하는 새로운 목적이라는 당위만

남는다. 그리고 건축이 사회와의 접속이 차단된 상태에서 건축이라는 영역의 내부의 회로를 돌며 끊임없이 웅얼거리고만 있을 것은 아니라는 인식이 남는다. 바로 그 당위와 인식을 함께 공유하고 싶다. 바로 그 지점에서 나는 소통의 필요성과 함께 실천을 향해 함께 나아갈 수 있는 어떤 연대의 필요성을 느낀다. 건축을 하는 방법이야 여전히 건축가의 손에 있다. 하지만 오늘의 목적에 맞는 건축을 실현하는 과정에 연대의 필요성이 놓인다. 데이비드 하비(David Harvey)는 희망의 공간을 위해 이 시대는 '반란적 건축가'를 필요로 한다고 말한다. '반란적 건축가'란 당신에게 어여쁜 삶을 권유하는 그런 건축가가 아니다. '반란적 건축가'란 오늘 우리의 도시, 건축의 공간이 드러내는 '분열'의 틈새를 비집고 희망의 씨앗을 꾹꾹 눌러 심는, '편집'의 껍데기를 한껏 밀어붙여 깨뜨려 나가는, 성찰을 반복하는 문화생산자 바로 당신이다. 그것이 오늘 건축을 하는 중요한 목적이다. 당신이 필요하다. 당신 곁에 내가 있고 싶다.

쉘 위 댄스? 나는 이 글에서 건축이 무엇인지 말하려 하기보다는 오늘날 요구되는 건축가가 누구인지 말하려 했다. 그리고 그에게 놓여 있는 상황과 그에게 필요한 새로운 규범을 말하려 했다. 그리고 그 규범은 오늘을 함께 사는 문화생산자 당신에게도 같이 적용된다는 사실을 알리고 싶었다. 동시에 건축을 하는 방법보다는 건축을 하는 목적을 말하며 그 목적은 당신과 공유될 성질임을 알리고 싶었다. 만일 이 글 또한 당신에게 불편함과 함께 또 다른 소통의 장애를 일으켰다면 그것은 이 글이 당신에게 건네는 겨우 첫번째의 권유이기 때문일 것이다.

건축은 현실의 번역이다 **김준성**

인식의 체계 1990년대초 내겐 큰 스승인 포르투갈의 건축가 알바로 시자 (Alvaro Siza)에게 한 건축잡지 기자가 "당신이 하고 있는 건축은 무엇입니까?"라고 물었을 때 시자는 망설임 없이 "현실의 번역(Translation of Reality)"이라 답했다. 물론 여기서 현실은 우리가 흔히 얘기하는, 이상의 반내로서 세속적이고 암울한 수치적인 의미보다는 일상 또는 존재하는 사실이라는 의미였을 것이다. 즉 건축은 '일상 또는 사실의 번역'이라는 뜻이었을 텐데, 젊고 의욕적인 그때의 내게는 무척이나 싱거운 답변처럼 느껴졌다. 오랜 시간이 지나고 나서 이제야 조금 그 의미를 알 듯한 난해한 답변이었던 것이다.

건축교육 현장에서 많은 시간이 지난 지금 가끔 학교에서 학생들과 어울리는 편한 자리에서 받는 질문 중 참 불편한 질문 중 하나가 바로 '건축을 무엇이라 생각하는가'이다. 공간에 대한, 장소에 대한 혹은 건축작업의 자세에 대한 초점으로 담론을 정리하려다 보면 '건축이 무엇인가 밝히는 것이 건축'이란 생각이 든다. 마치 자기 꼬리를 물기 위해 부산히 빙빙 도는 개와 같은 느낌마저 드는 것이다.

"나는 젊은 시절 한때 나의 굶주린 영혼을 추상적인 개념들로 살찌우려 애썼다. 내 몸은 노예이며 그것의 의무는 날것을 모아 마음의 과수원에 가져가서 꽃을 피우고 열매를 맺어 관념이 되도록 하는 것이라 생각했다. 내게 스며드는 세계가 좀더 정신적이며 소리도 냄새도 없는 것일수록, 나는 인간으로서 할 수 있는 최선의 노력을 하고 있다고 느꼈다. … 하지만 어느날 밤 나는 꿈을 꾸었다. 아직 세상에 지치지 않은 어떤 야만적인 종족의 영향

으로 굶주림과 목마름이 내 안에서 비밀스럽게 작동하고 있었던 것이다. …나는 잠에서 깨어 벌떡 일어났다. 갑자기 커다란 기쁨과 확신이 가슴속으로 밀려왔다. 소란스러우며 유혹으로 가득 찬, 혼란스러운 불멸의 세계에서 내가 찾을 수 없었던 것을 이제 밤의 원시적이며 모성적인 포용 속에서 발견하게 된 것이다. …이제 나는 추상적인 개념을 육체로 변화시키고 있으며 그에 따라 내 마음을 살찌우고 있다. …그후로 나는, 내가 알게 된 모든 나라들을 촉감으로 느끼게 되었다. 나는 나의 기억이 머릿속이 아닌 손가락 끝과 살갗 전체에서 얼얼해지는 것을 느낀다. 그리고 다시 여행했던 곳을 떠올릴 때면 내 손은 사랑하는 여인의 가슴을 만질 때처럼 떨린다."

위의 글은 『그리스인 조르바』의 작가로 유명한 카잔차키스의 『카잔차키스의 전상의 두 나라』에서 발췌한 것이다. 작가가 1936년말 중국과 일본을 여행하며 쓴 기행록을 수년이 지난 후 정리한 것으로, 크게는 인식의 체계가 관념적 관계에서 몸에 관련된 체험적인 관계로 바뀌어 감을 서술한 것으로 볼 수 있다. 이렇게 길게 카잔차키스의 글을 인용해 놓은 것은 바로 그 표현의 섬세함을 같이 느끼고자 함이다. 관념적 글에 섬세함을 더하기란 힘들다. 모호한 추상을 남에게 이해시키려 할 때 그 글은 장황해지기 쉽다.

나와 건축의 관계가 위와 같이 관념적인 추상적 관계에서 출발하여 몸을 통해 인지되는 구체적이고 현상학적인 체험적 관계로 변화할수록, 이 글에 동감하며 더 짜릿해지는 것은, 위의 문장이 만들어지기까지 그의 사고의 섬세한 겹들이 느껴지기 때문이다.

중요한 것은 사랑하는 여인의 가슴이 아니라 자신의 손가락에 존재하는 인식의 체계를 인정하는 것일지도 모른다. 머리나 가슴이 아닌 다른 '인식(認識)'과도 같이 관계지어 건축을 얘기함으로써 건축 내부의 섬세한 겹들이 살아나는 것 같다.

김준성, 비승대성당,
경기 이천, 1992.
(pp.120–121)
부력을 일으키는
원심력의 곡률을 소재로
하여 주변 대지에
삽입하듯 배치된 설계.

헤이리 커뮤니티
하우스의 시뮬레이션.
내부와 외부의 모호한
경계를 보기 위한
시뮬레이션.

몸 전체로 체험하는 건축 건축이 무엇인가를 논의하기 위해서는 건축으로 불릴 수 있는 어떤 기준을 밝혀야 하겠지만, 그런 조건적인 관계를 따지려는 것은 제 꼬리를 물려는 개와 같다는 생각이 또 한번 든다. 그러나 이 시점에서 다시 건축의 정체성을 자신에게 물어 보는 소중함에 용기를 내어 본다.

건축에 대한 일반인의 관심은 대부분 실용적이고 편리하면 된다는 태도와 반대로 기발하고 특이해서 재미있다고 여기는 양 극단의 태도로 정리된다고 건축인들은 아쉬워한다. 하지만 현대건축에 나타나는 소위 바람직하다는 경향들도 일반의 관심사 둘레를 그리 벗어나지 못하는 듯하다.

그 첫째 경향은 1970-80년대의 낙관적인 경제상황에서 크게 대두된 포스트모더니즘 때문에 상업화, 표피화한 건축 표현에 대해 자성하며, 초기 모더니즘의 실험적 정신이나 건축 본질의 복구를 추구하고 정제된 사고와 표현을 주관심사로 두는 경향이다. 둘째 경향은 첫째와는 다르게, 정신이나 본질의 문제보다는 건축이 전문분야로 인정받기 시작한 이래 한 세기 동안 크게 변화가 없던 건축 디자인 과정이나 도구에 관한 또 다른 가능성 또는

건축의 범주에 대한 질문에 그 초점을 두고 있다. 이 경우 불가피하게 컴퓨터 작업이 주종을 이루며, 모든 고정된 관념이나 이미지를 피하고, 유동적인 공간이나 질서의 다이내믹한 관계를 추구하고 있다. 물론 많은 예외가 있겠지만 형태적으로 전자는 미니멀하고, 후자는 흡사 만화의 한 장면을 정지시킨 듯 회화적 경향이 짙다.

이 두 경향은 서로의 단절에 대해 이야기하는데, 전자는 형태보다 정신이나 본질을 더 깊은 문제로 보고 있는 태도가 문제로, 형태와 본질을 분리시킬수록 현실에서 창작활동의 내용이 공허해진다. 즉 형태도 본질의 현상이므로, 표면적으로 가볍게 여겨지는 것은 문제가 있다는 지적이다. 후자의 경우는 추구하는 그래픽 속의 다이내믹함이, 중력이 작용되는 현실 속에서는 더 이상 유동적이지 못한 많은 재료로만 꽉 얼어붙은 모습으로 나타날 수밖에 없다는 문제가 있다.

그러나 이들은 공통적으로 오브제적인 하나의 건축에 대한 관심이 사라지고, 주위와 경계가 없는 중립적인 건축에 관심을 가지며, 공동의 질서에 관계된 창조적 작업으로서 건축을 얘기하고 있다.

모더니즘, 포스트모더니즘 혹은 해체주의 등으로 명명되는 형태적 유형 중 하나로서의 건축이 아니라, 그것이 관계지어야 할 물리적 사회적 문화적 여건에 대한 자발적 해석에 근거한 건축으로 초점이 맞추어지고 있다. 이를 통해 주어진 대지 위에 자신의 공간을 연출하는 작업으로서의 건축에서, 주어진 장소가 주위와의 관계에서 의미를 갖게 되는, 즉 '장소의 관계적 의미부여'로서의 건축으로 전환하고 있음을 알 수 있다.

바람직한 건축으로 많은 건축인이 동의하는 기준으로는 지역주의가 있다. 이는 결국 건축이 관계적 의미로서의 건축에 그 바탕을 두고 있으며, 장소를 물리적으로 해석하기보다는 장소가 속한 문화를 이해함으로써 고유성을 갖추며 동시에 전 세계적인 일반성을 가질 수 있다는 것이다. 물론 지역주의는 내것만 좋다는 식의 국수주의나 필요에 따라 부분만 발췌해 쓰는

김준성·김종규,
헤이리 커뮤니티 하우스,
경기 파주 헤이리
아트밸리, 2003.
추상화한 헤이리 지형이
담긴 사무동의 외관.

편의주의적 경향에 빠질 우려가 많다. 진정한 지역주의는 건축 일반에 대한 충분한 습득과 우리가 사는 시간대에 대한 이해를 바탕으로 이루어져야 한다.

지역주의의 대표 작가로 불리는 건축가가 앞서 인용된 포르투갈의 알바로 시자다. 시자는 많은 평론가들에게 가장 '시적인 건축'을 하는 건축가로 불린다. 1990년대초에 하버드 건축대학원에서 발간된 그의 단행본을 펼치면, 오른쪽 페이지엔 그의 작품이, 왼쪽 페이지엔 포르투갈의 낭만주의 시인인 페르난도 페소아(Fernando Pessoa)와 루이스 데 카몽스(Luís de Camões)의 시가 흡사 작품과 관련이 있는 듯 인쇄되어 있다. 사실 시를 읽다 보면 오른쪽 페이지에 있는 작품을 연상시키는 글귀가 눈에 띄곤 했다. 물론 글과 이미지의 직접적 연계성 때문에 시적 건축이라고 불릴 수는 없다.

시자 밑에서 일할 때 어느 점심시사 중 "시적 건축이란 무엇입니까"라고 물었다. 그는 "바다에 면한 두 집을 예로 들 테니 어느 것이 더 시적인지 판단해 보라"고 했다.

첫번째 집은 바다를 향해 복층의 거실이 놓여 있고, 그 거실면은 거대한 유리로 돼 있어, 거실에 들어서면 바다가 한눈에 시원하게 펼쳐진다. 육지쪽에서 집의 거실로 진입하며 펼쳐지는 바다의 파노라마에 누구나 탄성을 지를 것이다. 폭신한 카펫 위에 모던한 티테이블, 적당한 벽난로…. 그곳에서 주인과 이것저것 우아하게 한 시간 담소를 하다, 다시 바라보는 바다는 어떤 느낌일까. 들어서며 탄성을 지른 그 바다일까, 아니면 벽에 걸린 한 장의 그림이나 사진처럼 다가올까.

두번째 집은 북부 아일랜드 해안 절벽에 있는, 폭풍을 피해 잠시 쉬었다 가는 양치기를 위한 집이다. 심한 비바람을 피해 들어서는 침침한 집. 들어서며 코에 느껴지는 낡음과 어둠의 공기, 쭈그리고 앉은 엉덩이를 통해 전달되는 차가운 습기, 그곳에 머무는 시간 동안 들리는 바다의 소리. 그러

김준성·김종규,
헤이리 커뮤니티 하우스,
경기 파주 헤이리
아트밸리, 2003.
대지의 단차로 생긴
사이공간 자체가 경계가
없는 중성적 공간으로
연속되는 배치.

김준성 · SHoP,
한길 북하우스,
경기 파주 헤이리
아트밸리, 2004.
(pp.128-129)
전면의 목재 조합과
야경. 뒷산의 지형적
변화와 그 연결선상에서
디지털 도구를 사용하여
계획된 입면.

다 문득 밖이 궁금해 까치발로 창틀에 매달려 내다보는 바다는?

심하게 어리석지 않다면 어느 집이 더 시적인지 못 맞힐 바보는 없다. 하지만 내가 받았던 교육은? 아니면 내가 대학에서 가르치는 교육은? 그리고 현실에서 요구되는 것과 설계되는 상황은? 그 모든 것은 전자에 속한 집이지 결코 후자는 아님에 갈등이 심하다.

'시적'과 '현실적'을 나눌 수 있는 기준이 없는 것일까. 이 글의 머리에 말한 카잔차키스의 글이 어떤 실마리를 줄 수 있을지 모르겠다. 머리와 가슴으로 얘기하는 건축보다는 몸 전체로 체험하는 건축에서 공유할 수 있는 그 무엇과 독특한 고유성을 함께 건질 수 있을 것 같다.

건축이 무엇이라고 정의하기보다 현재 건축의 안과 밖에서 논의되는 내용을 이야기한 것은, 아마 그것이 어떤 언어로 건축을 단정하는 것보다 건축을 객관적으로 이해할 수 있을 것이라는 생각에서일 것이다. 건축이라는 주제는 다른 창작분야와 달리 일상의 관심이기에 접근하기 쉬운 듯하면서도 사실 접근할수록 그 범위가 넓어져 정의하기 어렵다. 표현이 아니라 관계를 위해 존재하는 것이기에 정의 자체가 불가능할지도 모른다.

오래 전 시자 선생의 사무실에 건축학도들이 방문했는데 사무실을 둘러보던 그들은 내심 실망한 듯했다. 몇몇 거친 스터디 모형만 눈에 띌 뿐 볼거리가 그리 많지 않았기 때문이리라. 며칠 후 선생이 그 상황을 전해 듣고는 웃으며 "우리는 건축을 얘기하기 위해서가 아니라 만들기 위해 하는 것"이라 했던 기억이 나, 건축에 대해 많이 서술하고 있는 나 자신이 쑥스러워진다.

배경으로서의 건축 어릴 때 누구나 그림을 그려 본 경험을 갖고 있을 것이다. 부모의 얼굴부터 자연 풍경 그리고 인위적으로 만들어진 집, 마을, 도시들. 우리는 상식적이고 일상적인 행위들을 통해서, 그리고 시간이 지남에 따라서 많은 것을 습득해 간다. 아이들이 집을 그릴 때 그곳에는 지붕과 벽과 창문과 문과 심지어는 굴뚝까지 그려져 있다. 어렴풋이 그 용도에 대해서도 알고 있으며 위치가 어디라는 것도 알고 있다. 그러한 학습을 통해 우리는 배워 간다.

건축은 삶의 보편적 필요성을 담는 많은 종류의 도구 중 하나의 장치물이다. 우리가 보편과 상식으로서 받아들이는 것에는 필요성이 수반되고 그 존재를 이야기할 수 있다. 건축의 본질은 보편적 상식 그 이상도 이하도 아니다. 그것은 건축가 이전의 모든 사람에게 당연한 것이고 그 목적을 위해 건축이 존재해 왔으며 그 속에서 우리의 생활도 영위되어 왔다. 건축은 단순히 우리가 살아갈 현실적인 환경을 만들어내는 작업이다.

어쩌면 건축이 무엇인가를 설명하려는 것은 무의미할지도 모르겠다. 물론 건축을 직업으로 갖고 있는 사람들에게 '건축이 무엇이냐' 라는 질문은 자기의 작업방향에 대해 생각해 볼 수 있는 기회이기는 하다. 그것을 위해 건축의 역사를 공부하고 건축의 경향을 파악하려고 할 수는 있다. 그에 반해 건축이 무엇인지, 건축 자체에서 그 해답을 찾으려는 노력은 너무 안이한 생각일지 모르겠다.

건축에서 보편적 삶의 형식이 중요해진 것은 불과 백 년 남짓하다. 직업으로서의 건축은 일반적이고 보편적인 일상의 구현보다는 특수한 목적을 위해 생겨났다. 종교와 권력은 건축과 도시의 구성에 절대적 역할을 했으며,

김종규,
카이스 갤러리의
외관과 내부, 서울,
2001.(pp.132-134)
카이스 갤러리의 외관은
도로의 배경으로
보이고, 전시장 내부는
전시물을 위한 중성적
공간이 된다.

건축과 도시의 형식도 시대와 이들과의 상관관계에 따라 형성되었다. 그리고 몇 가지 역사석 사건들은 이러한 건축의 형식적 변화를 주도했다. 특히 서구의 산업혁명과 시민혁명은 건축의 형식을 근본적으로 바꿔 놓는 계기가 되었다. 종교와 권력의 요구에 의해 도시와 건축에서 위계질서가 중요해졌는데, 모더니즘 이전까지의 도시와 건축이 시대에 따른 특수한 양식과 유형으로 보일 수밖에 없는 것도 그런 까닭에서다. 시민혁명 이후 건축에 녹아 있던 위계질서는 사라지는데, 이 또한 모더니즘 건축을 가능케 하는 요소가 된다. 사람들간의 사회적 관계성이 건축의 형식에 영향을 끼치고, 그것은 건축에서의 '시대정신'을 보여주며, 이러한 시대정신은 건축을 유지하는 힘으로 작용해 왔다.

건축물이 사용되는 용도는 사람들의 필요에 따라서 정해지며, 그것은 건축에서 프로그램이라 불리고, 그러한 프로그램의 관계를 담는 것이 건축의 평면이다. 한 시대의 건축평면은 결국 각 시대의 시대정신을 반영하며 그것은 건축의 중요한 형식이 된다. 팔라디오(A. Palladio)의 평면과 르 코르뷔지에의 자유로운 평면을 비교해 보면 이러한 현상을 잘 알 수 있다. 현대에서 이러한 위계질서에 대한 생각은 '복도가 없이 방으로 구성된(corridor-less)' 평면으로 나타나기도 하는데, 이것은 복도와 방으로 구성된 전형적인 평면이나 모더니즘 건축에서 보이는 오픈 플랜(open plan)과는 다른 사회적 관계성을 함축하고 있다. 따라서 건축물은 사회적 요구에 대한 건축가의 인식에 의해 만들어지는 결과물이라 할 수 있다.

이러한 맥락에서 생각해 볼 때 건축이란 무엇인가. 만일 건축가가 건축의 본질적 필요성을 망각하지 않고 그러한 요구에 충실하다면 왜 그토록 건축은 전문화해 가고 어렵게 설명되는가. 건축에 있어 본질은 여전히 변함이 없으나 오랫동안 건축에 대한 우리의 관념은 시대에 따라 변해 왔다. 건축물 자체는 그 시대상황이 요구하는 필요성과 그 땅이 갖고 있는 장소성에 반응하여 만들어지기 때문에 우리의 일상과 밀접하며 보편성이 나타나야 하지만, 건축을 만들어내는 건축가의 시각은 다를 수 있다. 그러한 일반적인 경향을 좋은 건축으로 변환시켜 만들어내기 위해서는 건축가의 작업이 상당히 구체적이어야 한다는 것이다. 요구되는 조건들을 적절하게 풀어내고 시대정신을 담아낸 건축물을 만들기 위해서는 많은 고민과 상상이 필요하다.

일상에 대한 섬세한 이해와 구체적 적용 건축에서 건축가의 감성과 논리의 관계는 건축물이라는 결과물을 만들어내는 데 가장 중요한 요소다. 건축가가 갖고 있는 감성과 건축가가 생각하는 사고의 방향에 의해 건축의 많은 부분이 결정되기 때문이다. 건축가의 감성은 예술적 감각과는 차별되어야 하는데, 이것은 우리가 가진 일상적인 것들에 대한 새로운 인식에 근거하여 사물 및 상황의 본질을 이해하려는 태도를 지칭한다. 필요한 무엇을 만들기 위해서는 그 사물의 존재이유를 알아야 하며, 그러한 사물의 이해는 추상화한 후 관념적으로 주어지는 언어의 정의에 의해서가 아니라 건축가의 감성에 의해서 이루어져야 한다. 일상에 대한 이해도 마찬가지로 체험과 그 체

조성룡 · 김종규,
의재미술관,
전남 광주, 2001.
(pp.136–137)
의재미술관의 사이
공간은 외부이지만
내부적 성격을 가진다.

김종규,
**순애원 치매요양시설,
경기 고양, 1997.**
새로 지어진 것이지만
주어진 상황과 엮여
그곳에 원래 있었던
것처럼 읽힌다.

험의 결과가 가시적이고 만질 수 있는 것이 되어야 한다.

"어디서 개가 컹컹 짖는다. 개의 컹컹거림은 흐린 공중을 지나, 흔들리는 벚
나무 잎들을 지나, 벚나무 잎에 흔들리는 가난한 지붕들을 지나, 벚나무 잎
그림자에 고개 숙인 남루한 벽과 벽들을 지나, 빠끔히 밝아 오는 새벽의 푸
른 세상을 내다보고 있는 창들을 지나, 좁은 흙길 위에 아무렇게나 누워 아
직 눈 못 뜨고 있는 시멘트 조각, 그릇 조각들을 지나, 땀에 전 모든 이불과
이불을 지나, 지난 밤 꿈에 젖은 금빛 베개와 베개들을 지나, … 지나 … 지
나 … 내게로 달려온다." (강은교, 『젊은 시인에게 보내는 편지』 중에서)

조성룡·김종규,
**의재미술관,
전남 광주, 2001.**
의재미술관은 무등산
자락의 경사에 순응해
앉게 되어 등산로의
연장으로 읽힌다.

개의 짖음이 건물의 벽들에 의해 구성된 외부공간을 지나고 그 외부공간의
한 요소인 나무도 지나, 내가 누워 있는 건물의 내부로 창을 통해 들어와 결

국에 내가 인식하게 된다. 여기서 공간의 존재는 개의 짖는 소리, 벽에 비친 그림자의 영상, 그리고 땀 냄새 등의 오감을 통해 드러난다. 빠끔히 밝아 오는 새벽에 깨어 있는 시인의 이러한 일상적 풍경의 묘사는 일상적 풍경 속에 들어 있는 내 존재를 확인하는 과정이지만, 건축가에게 이러한 일상적 풍경은 바로 건축가가 다루어야 하는 현실이 된다. 벽, 지붕, 창 등의 물리적 요소들은 공간을 이루는 단위이며 이것들의 조합이 공간을 만들어내지만, 그러한 공간은 일정한 방법에 의해 형성되지는 않는다. 요소들간의 적합한 관계가 공간의 성격을 규정하고, 그러한 요소간의 관계는 여러 일상적 조건에 반응하게 된다. 건축이 공간을 다루고 있고 그 공간에 삶을 담음으로써 일상에 대한 이해는 곧바로 건축의 질을 결정한다. 따라서 건축가의 관심이 일상에 대한 이해에 놓여 있어야 함은 당연하다.

이에 반해 건축가의 논리체계는 감성으로 이해한 것들을 토대로 물리적인 건축물을 만들어내는 수단이 된다. 다시 말해 건축가의 감성이 건축을 대하는 태도의 문제라면 논리체계는 전문인으로서의 철저한 작업태도의 문제이며, 건축작업에서 무엇을 이루겠다는 건축가의 작위적인 의지보다는 왜 그러해야 하는가에 대해 질문하는 의지를 말한다.

건축이 무엇인가를 풀어 설명한다는 것은 그것을 통해 좋은 건축이 무엇인가를 판단하고 그렇게 만들어내려는 데 그 이유가 있다. 건축가들이 우리의 삶을 건축의 측면에서 바라본다는 것은 그러한 삶이 건축 속에 어쩔 수 없이 담기기 때문이라고 믿어서이다. 그러나 다양한 삶의 방식과 다른 조건들을 고려할 때 좋은 건축의 절대적인 기준이나 방법은 존재하지 않으며, 일상에 대한 섬세한 이해와 그것의 구체적 적용이 좋은 건축을 만들어낼 수 있는 것이다.

한 덩어리를 보면 자꾸만 나누고 싶어진다 **이일훈**

들어가며 건축의 서술보다 더 호소력있는 서술은 아마 문학일 것이다. 해서 어느 시인의 말을 빌려 시작하자. 시인 유용주의 산문집 『그러나 나는 살아가리라』의 시작은 단문이다. 한 줄이다. 길게 말할 필요가 없어서였는지 짧아야 한다고 생각해서였는지는 모르지만 단 한 줄로 읽는 이를 사로잡는다.

"내 문학은 내 삶뿐이다."

한 줄로 시작이고 끝이다. 이 명료함이라니! 그게 단문의 특징 아니던가. 그 한 줄의 깊이를 문학평론가 임우기는 이렇게 해설한다.

"…자신의 문학에 대한 외마디 존재 증명. …그의 글이 어디서 나와 어디로 귀결되는지를 아주 확고한 어법으로 보여준다. 자신의 문학적 명제의 단호함을 내비치는 '뿐'이라는 조사에 의해 삶은 문학을 압도한다. 동시에 '뿐'에 의해 그 체언인 '삶'은 언어의 허물을 몽땅 벗게 된다. '삶뿐'은 그 자체가 되는 것이므로, 마침내 이 명언(明言)에서 나나 문학이나 삶이라는 언어는 문장에서 사라진다. 그리고 사라진 그 자리를 채우는 것은 언어 이전의 혹은 이후의 구체적 생활세계다. 그러므로 위 문장의 주격(主格)은 '뿐'이다."

해설을 다시 해석한다. 문학을 건축으로, 아니 문학적 표현을 건축적 해석이자 표현으로 바꾸려 한다. 삶에서 온 문학을 건축으로 바꾸려 함은 건축이 어디서 왔는가를 물으려 함이다. 아니 더 정확하게 불면 어디서 와야 하

이일훈,
도피안사 향적당,
경기 안성, 2000.
종무소와 선방을 잇는
굴절된 통로.

는가를 말하려 함이다. 건축은 삶에서 와야 한다는 그 당연한 한마디를 위해 참 길게 에둘러 왔다. 그렇다. 삶이 압도하는 것이 문학뿐이랴. 삶은 건축을 압도한다. 어디 삶이 압도하는 것이 그뿐이랴. 삶은 예술도 압도하고 정치도 압도하고 기술도 압도하고 모든 것을 압도한다. 삶을 압도하는 무엇이 있다면 그 무엇은 삶을 병들게 하는 것이다. 아니면 스스로 병들어 있는 무엇임이 분명하다. 그래서 만약 삶을 압도하는 그 무엇이 갈채받고 추앙되고 선호되고 있다면 그 시대와 사회가 병들었거나 병들어 가고 있는 것이다. 그 무엇도 우리의 삶을 압도할 수 없고 그래서도 안 된다. 그렇게 보면 건축은 삶보다 뒤에 있으되 '삶의 그릇' 이라는 기능으로 ―그릇이 먼저 있어야 무얼 담을 테니― 압도가 아닌 앞서 걸어야 되는 숙명에 있다. 아니 건축은 삶을 앞서 뒤따라간다.

'삶' 은 '죽음' 이 죽지 않는 것처럼 질기되 왠지 낯설다. 너무나 절실한 탓에, 마치 초현실이 현실에 바탕을 두었으되 현실적이지 않은 것같이 구체적으로 오질 않는다. '삶' 을 달리 불러 보면 '생활' 이나 '일상' 이 될 터이고

이일훈,
도피안사 향적당,
경기 안성, 2000.
바람의 길을 상징한
하늘로 가는 문.

142

그것은 모두 '거주'나 '정주(定住)'의 방식을 전제하고 있음에 닿게 된다.(사람이 살지 않는 관공서나 박물관, 심지어 상가까지도 정주의 범주에 든다. 크게 보면 도시야말로 정주의 특성이 가장 잘 드러나는 복합건축이다) 그렇다면 건축은 '정주의 방식'을 다루는 것에 다름 아니다. '정주' 자체가 문제가 아니라 '방식'이 문제인 것이다. 그것은 결국 삶의 방식, 생활의 방식, 일상의 방식이다. 즉 방식을 묻지 않는 것은 집이요 건물이되, 내가 말하고자 하는 '건축'은 아닌 것이다.

존재 이전에 동물이다 인간은 '생각하는 존재(동물)' '사회적 존재(동물)' '도구를 사용하는 존재(동물)' '탐험하는 존재(동물)' 등으로 정의되는 숭고한 가치(존재)다. 나는 가치(존재)의 욕망을 받치고 있는 인간이 '동물'이라는 사실에 더 주목한다. 다시 말하자면 움직이는 존재라는 것이다. 그래서 움직이지 못하면 죽었다고 한다.(식물인간이라는 표현은 움직이고자 하는 근원적 욕망의 좌절을 안타까워하는 동물적 표현이다) 움직인다고 하는 것은 살아 있음인 동시에 인간임을 확인하는 것이다. 그리고 그 움직임은 지극히 선량하고 자연스러운 것이다.

구조로서의 건축은 늘 정지되어 있고, 사회적 동물로서 우리의 삶은 본능과 관계없이 억제하거나 억제당하며 정주되고 있다. 그러나 움직이고자 하는 욕망은 늘 우리의 몸 속에서 꿈틀거린다. 유목과 정착 생활은 유전적 특질에 지배되기보다는 자연조건에서 오는 생존방식으로 구분되는 것이다. 유목의 생존은 늘 정주를 꿈꾸고 정주의 생존은 늘 유목을 동경한다. 건축은 생존 아닌 '생활'에서의 행위이지만 본능은 생존에서나 생활에서나 늘 꿈틀거린다. 정주하는 삶은 늘 떠돌며 이동하고자 하고 그 욕망은 외부(바깥) 지향적이다. 반면 유목의 삶은 늘 머물며 뿌리 내리려 하고 그 욕망은 내부(안쪽) 지향적이다. 그러나 그 지향은 늘 좌절된다. 좌절의 경험으로 숨기고 있을 뿐 우리 몸 저 깊은 곳에서 움틀거린다.

흔히 귀소본능을 정주의 특징으로 말하지만 뒤집어 보면 그것은 마지막 생의 순간까지 움직이려 하는 본능에 충실한 떠돎을 증명하는, 살아 있는 상태의 마지막 행동이다. 그렇다면 정주를 전제하는 오늘의 건축은 인간의 본능에 얼마나 반응하는지 의문이다. 외부(바깥)를 건축 구성요소인 외부공간으로 단순하게 해석하는 것을 넘어 인간의 본능적 욕구와 연결시키려는, 건축 너머의 의미로서 말이다. 그것에 대해 묻거나 답하면 더욱 좋은 것, 건축이 그래야 하지 않을까.

장소에 대한 예의 건축은 지표 위의 특정 영역을 점유하면서 시작된다. 그리고 그 건축이 물리적 사회적 수명을 다하는 순간까지도 불변하는 것이 '장소'라고 하는 지표에서의 위치다. 지표는 땅의 표면이자 표피이고 건축은 그 바탕 혹은 바닥 위에서 일구어지는 입체, 공간, 형태에 대한 욕구이며 의지다. 땅에 대한 인간의 점유욕은 수평적 소유욕이고 건축의지는 수직적 욕구로 나타난다. 그래서 개인, 집단, 민족이 추구하는 점유욕구는 영토라는 이름으로 넓을수록 더 넓히려 하고, 건축의지는 수요와 공급이라는 방식으로 높을수록 더 높게 지으려 한다.(인구밀도가 높을수록 도시의 모든 건축물에서 지하층 깊이가 깊어지는 것은 수직욕구의 대표적 예이다)

그것은 산업화시대, 정보화시대에 멈추지 않고 또 멈출 수 없다. 그럴수록 건축은 필요한 기능과 면적의 확보에 매달린다. 더 높게 더 넓게 더 많은 실내(내부)공간을 어떻게 더 빨리 공급하고 건설하는가에 몰두한다. 그것이 우리가 믿는 노하우이다. 얼핏 그럴듯해 보인다. 하지만 그것은 근본적으로 자본과 기술의 문제일 뿐이지 건축의 근원적 물음과는 거리가 있다. 기술이 발달할수록 기술로 해결할 수 없는 부분, 기술 이전에 고려해야 할 가치를 먼저 묻는 것이 참다운 건축이다.

기술로 얻을 수 없는 것, 그것이 바로 '장소'이다. 장소는 좌표상으로 한 지점을 뜻하지만 주변과 연결된 맥락으로 한 지점, 지역, 부분을 형성할 수 있게 하는 연결망의 체계를 이룬다. 그것이 '장소성'이다. 그 장소성의 바탕은 결국 땅과 하늘이고 아주 진부하게 표현하면 자연이다. 그래서 '자연'이 자연상태로 있지 않은 장소일수록 '자연'의 의미를 성찰하는 태도가 요구된다. 이미 농촌에서도 자연은 '자연'대로 있지 아니하고 도시에서는 더욱 '자연'을 보기 어렵다. 하지만 그러한 시각은 '자연'을 지엽적으로 이해하는 것이다. 경작지가 제이의 자연이라면 도시의 공원은 제삼의 자연이다. '자연'과 인공의 구분과 관계없이 작용하는 자연현상과 조건이 건축이 인식해야 할 '자연'의 중요한 요소이다. '장소'라고 하는 '자연'이 그에 해당한다. 우리가 장소라고 부르기 전에도 '장소'는 그곳에 있었으므로 장소는 가장 오래 된 자연이다. 나는 그러한 이해를 '장소에 대한 예의'라고 부른다. 장소에 대한 예의는 땅에 대한 윤리이며 대지에 대한 공경이다. 그것은 건축이 지표를 어떻게 점유하고 배치하며 위치하는가의 문제로 드러난다. 단언하건대 장소에 대한 예의가 빠진 건축에서는 인간에 대한 배려를 찾기

이일훈, 강화주택, 경기 강화, 2002. 후원과 연결되는 반외부공간의 데크.

**이일훈, 강화주택,
경기 강화, 2002.**
주변의 지형과
연계시킨 돌출 벽면.

어렵다. 아니 없다. 인간을 위한 건축에서 인간이 소외되다니 얼마나 슬픈
장면인가. 문제는 바로 그 '장면'에 있다. 장면을 보는 관객은 늘 '장면' 밖
에 있다. 장면 속에 있는 사람에게는 그 장면이 보이지 않듯이 우리가 건축
속에서 생활하는 시간을 흘러가는 장면으로 무심히 지나치기 때문이다.(현
대건축은 사는 이를 공간으로부터 '무심'하게 만드는 데 공헌하고 있다) 자
연을 무심하게 잊고 있다가 문득 자연을 찾아 일부러 길을 떠나는 삶은 얼마
나 불행한가. 집 옆에, 문 밖에 붙어 있는 자연을 놔둔 채로 말이다. 자연이
우리를 버린 것이 아니라 우리가 자연을 버리고 또 상실한 것이다. 건축의
이름으로 그 자연과 호흡하는 일, 그것의 시작은 장소, 즉 땅과 대지에 대한
예의를 회복하는 일이다. 다름 아닌 공간을 숨쉬게 하는, 조심스럽게 지표
와 공존하는 방법으로의 건축, 그것이 바로 장소에 대한 예의다. 현대건축
은 예의가 없다.

지형(智型) 만들기 고대에서 현대까지 건축가의 역할과 동기는 달라도 분명한 것은 건축가를 위해 건축이 존재하지 않는다는 것이다. 또 건축가는 건축을 위해 존재하는 것이 아니라 사람들을 위해 존재한다. 어느 백과사전에는 '건축가의 임무'를 이렇게 서술하고 있다. "고대의 '대기술자', 근세의 '대예술가'라는 이상에서 볼 때, 근대의 건축가는 스스로가 택한 건축의 기계화와 공업화 그리고 건축 업무의 전문화에 의해 도리어 본래의 영역을 잃고 만 것처럼 생각된다. 건축가가 없어도 건축물은 세울 수 있다는 상황에 이른 것이다. 하지만 모든 기술자를 통하여 조화있는 건축과 도시를 만들어낼 수 있는 '대건축가'의 출현은 어느 시대나 기대되고 있다." 말하자면 건축기술의 발달로 인해 오히려 기술은 일반화하고 건축가의 전유물처럼 인식되던 기술이 보편화해서 건축가 없이도 건축물이 세워질 수 있다는 설명이다. 백과사전은 깊이를 추구하는 것이 아니라 얇고 넓은 설명에 생명이 있는, 지극히 대중적인 이해를 전제해야 하는 것임을 누구라도 안다. 이제는 건축가의 역할이 기술을 구사하는 데 있지 않다는 데 이르는 것은 지극히 당연하다. 그러한 이해가 더 널리 퍼져야 한다. 마치 백과사전처럼. 우리는 그것을 상식이라 부른다.

그럼 건축가의 역할은 무엇일까. 건축은 지형(地形) 위에 피어나는 인위적 지형(知形)이며 나아가 새로운 지형(智型)이다. 새로운 기술만이 새로운 것이 아니라 고루해 보일지라도 '삶과 사유의 방식'을 묻는 일, 곧 지형(智型) 만들기가 건축가의 할 일이다. 그것은 기술과 건축을 가르는 경계이기도 하다. 기술은 '어떻게'를 묻고 건축은 '왜'를 물어야 하는 것이다. 방법을 묻는 것에서 이유를 찾는 것으로의 전환, 그것이 건축 그리고 건축가의 존재이유다. 이제 건축의 문제는 건축가의 직업으로서의 행위가 아닌 삶의 근원적 방식에 대해 의문하고 고뇌하는 일에 있으며, 그것이 새로운 건축이다.

추임새 이쯤에서 이야기를 한번 추스리자. 건축가와 건축이 건축행위를 위

이일훈, 작은 큰집,
충남 홍성, 2001.
단순한 지붕선과
배경으로서의
산의 풍경.

한 작위로 빠지지 말고 삶을 응시해야 함을 잊지 말자. 또 사는 방식을 묻지 않고 삶의 그릇으로만 기능하는 건축물이라면 신통치 않은 건축이라는 것을 말했다. 그리고 내부(실내공간)에 집착하는 현대의 생활방식을 바깥(외부공간) 지향적 방식으로 바꾸어야 한다는 것을 본능에 의지하여 썼다. 그 다음엔 자연(장소)에 대한 예의와 성찰이 따르지 않으면 좋은 건축이 아니라는 뜻을 폈다. 결국 건축은 단순한 지식이 아니라 삶의 슬기가 모아진 거푸집인데 ―자연적 지형(地形)에서 철학적 지형(智型)으로― 건축가는 어떤 방식으로 살 것인가를 먼저 묻고 기술은 그 다음에 따라올 사항이다.

대략의 행간에 나는 몇 가지 의중을 감추었다. 아니 회피라고 말해야 옳다. 건축이라고 할 때 따라붙는 구조, 형태, 개념, 사회성, 예술성, 미학, 재료(물성), 맥락, 역사(전통), 풍토성, 지역성, 환경 등을 애써 피했다. 어쩌면 혐오였는지도 모른다. 말하자면 싫지만 할 수 없이 구조는 당연히 합리적이어야 건축이니 말할 필요도 없고, 형태는 감각적 형태를 선호하지 않으니 할 말이 없고, 사회성이 결여된 건축은 논의의 대상도 아니니 빼 버리고… 등등 이유야 많지만 생략하자. 그런 것들보다 더 중요한 것이 남아 있다.

이일훈, 작은 큰집,
충남 홍성, 2001.
(pp.150–151)
마당에서 보여지는
주변풍광.

이일훈,
하늘 담은 성당,
충북 음성, 2003.
시간에 따라 변하는
천창의 모습.

바로 공간이다. 그냥 공간이 아니라 삶의 방식과 호흡하는 철학적 사유가 깃든 공간 말이다. 공간의 꼴은 그다지 중요치 않다. 공간을 만들고 제안하는 방식이 중요하다. 그것이 나의 믿음이다. '그럼 어떻게 살 것인가'에 적절한 응답으로서의 공간 말이다.

불편하게 살기 지금 우리가 겪는 모든 문제는 우리가 만들어낸 것이다. 특히 개인의 건강과 질병 문제는 인류가 공유하는 환경의 문제와 상호 연결되어 있는 동시에 우리 스스로 자초한 '편리하게 살기'의 부산물이다. 편리와 편안함은 활동하는 인간의 당연한 권리이며 생활의 질을 높이는 척도이기도 하다. 그러나 끝간 데 없이 무조건 추구되는 편함이야말로 나태와 권태에 이르는 지름길이다. 오늘날 겪는 환경오염의 원인은 모두 다 편리한 생활의 후유증이다. 세제 남용, 매연과 폐수 배출, 토지오염, 일회용 폐기물 증가 등은 '좀더 편하게'를 열망한 인간의 게으름이 나은 졸작이다.

건축에서도 마찬가지다. 모든 기능을 한 군데 모아 놓은 대형 건물은 편리한 동시에 예측 못 할 사고나 재난 앞에 위험하다. 말하자면 '위험을 감수하는 편리'를 누리는 셈이다. 요즈음 집의 구조도 크게 벗어나지 않는다. 모든 기능을 한 곳에 집중시킨 가옥구조는 집약되어 편리한 동시에 채광과 통풍이 되지 않아 쾌적하지 않다. 특히 일 년 내내 햇빛이 들지 않는 영구음영의 방에서 생활하면서 아무리 웰빙이니 친환경 소재니 외쳐 봤자 눈 가리고 아웅하는 식이다. 운동하지 않고 건강식만 먹으면 결국 비만해지는 것과 같다.

주택단지를 개발할 때 자연지형을 무시하고 마구 성토, 절토하여 두부판같이 개발하는 모습은 참 보기 싫다. 보기 싫은 것을 건설하는 주체도 알고 있지만 그렇게 마구 성토, 절토해 버리는 것이 공사하기에 편리하기 때문이다. 자연의 흐름을 섬세하게 살피고 지형과 지물을 존중하면서 디자인하고 공사하려면 몹시 힘들고 불편하다. 하지만 불편하더라도 결과에 유익하다

이일훈,
하늘담은 성당,
충북 음성, 2003.
절제된 내부공간을
강조하는 천장과 빛.

면 불편이 미덕인 것이다. 편리함이 어느 경우나 좋은 것은 아니다. 때로는 편리함이 죄악인 경우도 있다. 참을 수 있는 불편함—임상학적 불편이나 신체적 구속을 의미하는 것이 아닌—이야말로 현대건축이 찾아야 할 덕목이다. 옛 건축과 현대건축의 차이가 그 얄팍한 편리뿐이라면 왠지 낯간지럽다. 환경과 건강을 위해서라면 '불편'이 우리를 구원하리라.

밖에 살기 상자형 모양의 비슷비슷한 건축물이 세계 어느 지방이나 도시를 가릴 것 없이 퍼져 있다. 유리로 막힌 내부공간은 기계장치로 온도, 공기, 습도, 조도가 모두 조절된다. 쾌적한 공간에서 쾌적한 생활을 세계 어느 곳에서나 가능하게 하자. 기계장치로 그 모든 것은 가능하다. 그것이 근대건축의 이념이다. 국제주의 양식을 받쳐 주는 떡밥이기도 하다. 과연 그럴까. 형태는 기능을, 기능은 형태를 따른다고 말들 하는데 둘 다 아니다. 형태와 기능은 자본을 따른다. 자본 앞에서는 형태도 기능도 무의미하다. 문제는 자본이다. 건축과 자본의 관계에서 대부분 자본은 늘 부족하다. 충족한 자본이 건축을 받쳐 주는 경우는 별로 없지만 이상적 목표를 향해 가면 된다.(그러고도 실패한다면 그건 건축가의 책임이다) 그러나 부족한 자본도 국제주의 양식의 껍질을, 아니 껍질만 따른다. 단순한 형태가 싸고 빠르고 편하다는 이유 때문이다. 인공설비가 잘 가동되어도 문제가 있을 판에 대부분의 설비가 생략된다. 그러다 보니 넓은 실내공간은 밤처럼 낮에도 형광등을 켜야 하고, 넓게 뚫린 유리창은 고정되어 외부와 차단된 채 자연을 잊게 만든다. 그것을 더 잘게 나누어 방들은 미로처럼 획일화한다.

아! 이렇게 비인간적인 내부공간의 삶이 국제주의의 꿈이요 근대건축의 이상이란 말인가. 거대 구조, 거대 공간, 거대 복합시설의 목표는 결국 내부의 확장, 즉 실내공간의 확대였던 것이다. 후기근대주의, 포스트모더니즘, 해체주의 등 표현 어휘는 바뀌어도 여전히 내부 지향적인 시각은 고착되어 있다. 그런 실패를 무비판적으로 답습한다는 것은 현대의 우매함이다.(자본은

무조건 증식을 꿈꾸므로 답습을 선호할지 모른다. 하지만 영리한 자본은 그런 우를 범하지 않는다)

흔히 건축을 유기체라고 말한다. 그 '유기적'이라는 표현은 공간구성과 효용의 유기성을 전제할 때 성립하는 것인데, 내부공간의 치열함만 추구하는 건축에서는 유기적 사유와 기능을 발견할 수 없다. 그렇다면 해법은 자명하다. 기술과 개념, 주장을 지금 그대로 다 인정하고 활용하고 구사하면서 외부공간과 내부공간의 공존을 도모하는 것이다. 말하자면 안에서만 살기가 아니라 밖에서도 살기를 추구하는 것이다. 내부공간과 외부공간의 사이사이에 반내부공간과 반외부공간이 섞여 있는 유기적 건축, 유기적 공간, 나아가서 유기적인 생활의 그릇이 바로 그런 것 아닌가. 바깥 지향적 사고는 자연으로 한 발 더 가까이 가는 것이 분명하다.

늘여 살기 느리게 살기가 아니라 늘여 살기다. 짧은 동선이 합리적이라는 것 또한 근대건축 이념 중 하나다. 동선은 짧을수록 좋다고 말하는데, 짧아야 좋은 것도 있지만 길어서 좋은 것도 있다. '짧을수록 좋다' 속에는 무차별의 획일성과 무모함이 묻어난다. 교통과 통신수단의 발달은 장소, 즉 공간의 연결에 있어 시차를 없애고 있다. '일일 생활권'이라는 표현은 '동시소통권'이라는 현실 앞에 무색해진다. 온라인상의 소통은 동시다발적이지만 우리의 생활—특히 의식주—은 여전히 아날로그 방식이다. 앞으로도 그럴 것이다.

디지털 방식의 생산과 소통이 일반화할수록 몸에 대한 관심과 중요성은 더욱더 커질 것이다. 디지털은 아날로그를 위해 쓰이고 성립한다. 그럴수록 사람이 직접 움직이는 동선은 길어져야 한다. 일터의 휴식 동선과 거주하는 공간의 이동거리를 될 수 있으면 길게 만들고 많은 움직임을 유도하는 공간구성이 늘여 살기의 핵심이다. 늘어난 길이는 공간이나 작법의 문제이고, 느리거나 빠르게 이동하는 것은 '시간이나 선택의 문제다. 무조건 짧은 동선

(공간과 시간)에는 선택의 여지가 없다. 건축공간은 사용하는 사람에게 이렇게 저렇게 선택의 폭을 넓혀 놓아야 한다. 천천히, 느리게, 빠르게 움직이는 가능성을 열기 위해서는 가능한 한 공간을 길게 늘여 놓아야 한다. 공간의 주인은 사람이므로. 무조건 빨리, 짧게 만드는 것은 로봇에게나 강요될 일이다. 늘여지거나 늘어난 공간 속에서 소요하는 시간을 누릴 수 있다는 것은 빨리 끝내고 멈추는 짧은 동선보다 너 소중하다. 나는 천천히 걷기를 권유한다. 건축의 이름으로.

나가며 불편하게 살자, 밖에서 살자, 늘여 살자를 묶어 나의 설계방법론 '채 나눔'으로 행하고 있다. 작을수록 나누자. 웬만하면 나누자.(그렇다고 나누어서 기능이 훼손되는 정도까지 나누자는 주장은 아니다) 그럴 경우 나누어진 내부공간은 홀쳐 공간이 되므로 빛과 바람 등 자연기후와의 관련이 편안하다. 일 년 내내 어두운 방을 만들지 않아도 되고 눈비 맞는 외부공간을 껴안고 살 수 있다. 여러 채로 구성되므로 땅 위에 자리잡는 방법도 가뿐하고 맨 땅의 여기저기를 조율하여 비움과 채움에 훨씬 융통성이 있다. 건축공간은 안과 밖을 동시에 지닐 수 있고 주변 풍경을 택하는 데도 용이하다. 방과 방을 나누어 배치하고 연결의 방식을 눈비 맞고 다니게 할 수 있고 실내 복도처럼 연결도 가능하다. 방과 방이 나뉜 사이로 은밀한 정원의 이야기를 들을 수 있다.

이 방 저 방 용도는 다른데 붙어 있는 것이 어색하면 멀리 떼어놓으면 어떨까. '서재는 떼어놓고 싶은데' 하는 은밀한 욕심을 부려 볼 만하다. 그럴 때 공간을 나누는 것이 대안이라면 망설일 필요가 없다. 작을수록 나누자. 덩어리를 나누는 것은 건축에 숨통을 하나 둘 만들어 숨쉬게 하는 것이다. 그것이 건축을 통한 사람의 소통이라고 믿는 것이다. 그래서 구멍이 뚫린, 그러니까 나누어진 건축물을 보면 반갑고, 한 덩어리로 서 있는 건축물을 보면 자꾸만 자꾸만 나누고 싶어진다.

퀄리티의 신화 오래 전 일이다. 나는 네덜란드 낯선 환경에서 다시금 새로운 건축의 과제에 파묻혀 있었다. 마침 '잘나가던' 한국의 경제 때문에 수많은 예비 건축주의 방문을 맞이하는 역할까지 주어졌다. 그때까지 사무실에서 가장 내세우던 하나의 건축을 그들과 답사하는 일이었다. 대여섯 번 함께 답사를 했다.

릴(Rille)이었다. 파리와 런던의 고속철도를 매개로 공간과 시간의 역전을 꿈꾸던 곳, 세계화를 말하고 복합을 말하고 거대함을 말하던 곳, 바로 그곳이었다. 그 중의 한 건물 콩그렉스포(Congrexpo)가 목적지였다.

매번 다른 그룹과 함께 했던 방문이었지만, 비슷한 코스를 거치면서 차츰 그들의 유사한 반응에 익숙해졌다. 창고 같다는 얘기, 가벼워 보인다는 얘기, 주변과 어울리지 않는다는 얘기, 시공의 수준에 관한 얘기 등을 했다. 그것은 원래 계획했던, 그러면서 기대했던 결과와 전혀 다른 반응이었다. 그 건물의 어디가, 무엇이 그들을 불편하게 했을까.

주지하다시피, 콩그렉스포는 공연, 회의, 컨벤션의 기능을 복합하여 거대한 단순 기하학의 매스로 풀어 놓은 렘 쿨하스(Rem Koolhaas)의 작업이다. 도시로서 릴의 의미를 생략하고, 콩그렉스포 자체로도 도시와 건축의 관계, 건물 외부와 내부의 관계, 프로그램과 내부 동선의 관계 등 기존의 사고를 새롭게 해석한 실험적인 프로젝트였다. 현대사회가 맞닥뜨린 온갖 도전, 예컨대 대량생산, 밀도, 스피드, 도시화, 복합 등 모든 변수에 대응하여 새로운 조형의 시도가 필요함을 역설한 프로젝트였다. 재료, 공법, 외관, 인테리어, 하다못해 공사비까지 현실이 번안되어 새로이 무장한 중요한 작업이었다.

이러한 의미가 설명되지 않은 것은 아니었다. 그래도 반응은 마찬가지였다. 언젠가 그 중 한 팀과 같이했던 파리 국립도서관 답사에서, 완전히 뒤바뀐 찬사를 경험하고 나서 그들이 불편해 했던 원인을 깨닫게 되었다. 눈에 띄는 차이는 소위 완성도였고, 더 들어가면 건축을 이해하는 수단과 좌표가 다른 이유였다. 대부분 '건축은 기능이 해결된 근사한 조형'이라는 명제에 고정되어 연유하는 불편이었다.

정도의 차이는 있을지언정, 건축을 퀄리티로서 평가하는 것은 그다지 낯선 일은 아니다. 프랭크 게리(Frank Gehry)나 자하 하디드(Zaha Hadid)의 작업이 주는 강렬한 감동의 배경에 우리가 바라보는 건축의 잣대가 있음을 부인할 수 없다. 비례가 중요하고 재료가 중요하고 세련이 중요하다. 완성도가 최고의 덕목으로 치켜세워진다. 그것이었다.

사실 사무실에서도 알고 있었다. 나중에 들은 얘기지만 유럽의 건축주들도 같은 반응을 보인다고 했다. 아름다움이, 편안함이, 건실함이, 기능성이 건축을 평가하는 공통의 수단이기 때문일까. 문제는 해석이고, 이해의 좌표를 보완할 필요가 있고, 건축이 실용의 관점으로 바라보는 독립된 조형만은 아니라고 해도, 아직도, 의문은 남아 있다.

고정된 절대의 기준 비슷한 시기의 일이다. 런던의 건축 책방에서 처음으로 한국어와 영어가 병기된 책을 발견했다. '유토피아'라는 주제로 현대건축에 관한 여러 글이 묶여 있었다. 편집자 중 한국인이 있었지만 대부분 외국인의 글이었다. 거기서 한국 건축가 K의 글을 접했다.

자신이 최근에 설계한 어떤 건축에 대한 설명이 있었다. 이십오 년 전쯤 자신의 전시회에서 구상했던 아이디어를 이제야 실현한다는 부분이 눈에 띄었다. 그것이 유토피아를 매개로 설명되면서 친절히 이십오 년 차이의 설계안을 비교하고 있었다.

무언가를 오해하고 있거나, 혹은 다른 건축관을 가졌겠거니 생각하고 접었다. 책을 보고서 그런 시도를 이해하지 못하겠다는 주변의 친구도 있었다. 그리고 한참이 지나서, 어쩌면 어느 면, K 건축가는 우리가 지니는 건축 평가기준의 한 축을 대변하고 있다는 생각이 들었다.

그것은 시기와 상관없이, 여건과 상관없이 건축을 바라보는 절대적인 기준에 관한 것이었다. 무조건 아무 연관 없이 피라밋이 최고의 건축이고 가우디가 최고의 건축가이다. 아크로폴리스가, 석굴암이, 판테온이 한 묶음으로 한 자리에서 비교된다. 하늘 아래 새로운 것은 없다. 자신이 설계를 완벽히 제어하며, 하다못해 살아가는 사람의 옷까지 간섭한다. 이런 전설적인 얘기 말이다.

짐작컨대, K 건축가는 많은 우리의 선배 건축가들처럼 건축에 대해 절대적인 기준을 가지고 있었는지 모르겠다. 어려서부터 밥하고 나무하면서 도를 닦는 심정으로 건축의 과제에 다가갔는지, 그리하여 일찍이 성숙했던 자신의 직관과 빨랐던 하산에 자부심을 가졌던 것인지 모르겠다. 어쩌면, 이십오 년이 지나고도 아직도 유효한, 이제는 더욱 완성된 고수로서 도의 깊이를 보이려 했는지도 모르겠다.

고정된 절대의 기준이 빚어내는 건축이란 무엇일까. 점차 완성된 언어를 이루어 가되 누구는 본질이라 부르고 누구는 시대착오라고 하는, 소독되고 정제되고 나름대로 완결되는 집착의 공간쯤? 이런 의문이 들었다.

건축의 목표를 움직이는 기준으로 가정했다. 과거의 해석이, 제안이 더 이상 유효하지 않은 상대적인 가치 속에서 건축의 목표를 가늠하게 되었다. 우리의 육십년대 현실과 구십년대 현실을 동시에 아우르는 일관된 기준이 있을 수 없다고 생각했다. 그래도 혹시 만일 있다면, 그것은 아마도 건축은 아니고 어딘가 존재할지 모르는 영원에 대한 갈망, 절대에 대한 소망, 그 이상은 아닐 터인데… 이런 의문이었다.

유형과 형식의 담장 언젠가 P 시인이 경동교회를 누가 설계했냐고 물은 적이 있다. 그가 몇 번의 건축여행을 함께 하면서 차츰 건축에 관심을 가지기 시작한 시기였다. 여러 도시를 답사하면서 건축의 공공적인 가치를 발견하고, 내심 살아가는 자세와 일치하는 건축 이해의 수단을 형성하는 시점이었다. 마침, 경동교회는 내 마음속 중요한 건축 모델의 하나였다. 김수근(金壽根) 선생님의 마지막 시기를 먼 발치에서나마 접해 본 인연에다, 사무실 창고의 오래 된 도면을 섭렵하고 수많은 직간접의 경험을 더하면서, 공간과 조형과 재료에 이르기까지 넓고 깊은 애정을 가지고 있는 그나마 몇 안 되는 프로젝트였기 때문이었다. 진입, 빛, 프로그램, 형태, 디테일, 상징 어느 하나 모자라지 않는, 오랜 역사를 이어 온 교회건축의 이력에 덧붙일 수 있는 중요한 작업으로 남으리라 확신했다. 김수근 선생님이 돌아가시고 난 이후 외국의 여러 나라에서 유사한 작업 가능성을 문의했던 작품이기도 했다.

P 시인의 얘기는 간단했다. 자신이 한참 '청계천'에서 활동할 때, 경동교회는 그 부근 노동자들의 쉼터이자 모임의 장소였다. 어느날 새로운 교회가 들어서면서 여건이 많이 달라졌다. 다가서기 힘든 다른 공간이었고 무언가 막연한 거부감이 있었다. 결국 더 이상 찾을 수 없는 장소가 되었다. 이런

**김수근, 경동교회,
서울, 1981.**
교회, 건축, 그들의
지향점이란 무엇일까.
알게 모르게 우리가
축적되고 고정된 건축
유형 안에서 상상하는
게 아닌지, 튼튼히
쌓아올린 형식의 범위에
갇혀 사고하는 게
아닌지.

이야기였다.

교회, 건축, 그들의 지향점이란 무엇일까 생각하는 계기였다. 아니 교회만이 아니라 학교, 병원, 전시장, 오피스 등 흔히 우리가 분류하는 건축 유형의 문제이기도 했다. 알게 모르게 내가 축적되고 고정된 건축 유형 안에서 상상하는 게 아닌지, 튼튼히 쌓아 올린 형식의 범위에 갇혀 사고하는 게 아닌지 반문하는 계기였다.

교회건축이, 그것의 지향이, 어설픈 첨탑의 상징은 벗어났다 하더라도, 진입의 행로와 성스러운 공간과 전례나 의식의 번안 속에 안주하면서 점차 사회와 유리되는 담장으로 굳어 가는 건 아닌지, 그런 의문이었다.

우리가 그런 한계에서 씨름하는 동안 교육의 방법이, 진료의 방식이, 전시의 대상이, 업무의 패턴이 달라졌다면, 당연히 새로운 유형으로 접근하는 자세가 필요하다고 생각했다. 이제 슈퍼마켓에서 일 주일 단위를 끊는 삶이라면, 집중과 대량과 복합과 밀집의 현실을 벗어나지 못하는 삶이라면, 적어도 우리네 도시 내에서는 교회도, 그 건축도 성스러운 공간의 구현을 넘어서는 다른 형식으로 이해하는 자세가 필요하다고 생각했다.

P 시인의 얘기는 결국 이런 의문이었다. 우리네 교회건축에서는 일 주일의 나머지 엿새마저 활용하는 공공의 성격이 중요하고, 그러기 위해서 좀더 열린 구조로 덜 성스럽고 더 가변적인 공간을 지향해야 한다. 건축은 시대의 거울이라는 명제가 아직 유효하고, 교회건축이 더 이상 밤 하늘의 붉은 공해로만 남지 않기 위해서는.

마음속 노스탤지어 아기돼지 삼형제 이야기가 있다. 흔히 우화가 그렇듯이 어렸을 적 어딘가서 읽은 기억이 있는 짧은 이야기이다. 게으른 돼지와 지푸라기와 나무로 만드는 집이 등장하고, 그것을 가벼이 날려 보내는 늑대와 부지런한 돼지, 벽돌로 만드는 튼튼한 집이 비교된다. 누구나 아는 이야기이다.

건축가 마누엘 가우사(Manuel Gausa)는 세대를 넘어 반복되는 건축의 보수성을 이 우화에 빗대어 얘기한 적이 있다. 그는 너무나 단순히 나열되는 건축 유형과 그들이 단 한번의 입김에 날아가는 무지한 횡포를 우려했다. 지푸라기나 나무가 가지는 하이테크, 라이트 스트럭처(light structure), 친환경 건축의 가능성이 무시되고 사장되며 정통적인 해석만이 해결책으로 오인되는 상황을 우려했다. 그리고 다양한 가치를 일거에 날려 보내는 이 시대 수많은 늑대를, 벽돌집의 환상을, 거기서 간직되는 우리 마음속 노스탤지어를 우려했다.

통상 노스탤지어로 대변되는 건축 판단의 잣대는 아주 오래 된 견고한 틀이다. 그것은 전통의 이름으로, 때로는 컨텍스트의 얼굴로 건축의 주변부를 에워싸고 있는 단단한 껍질임에 틀림없다. 로마의 유적이 파헤쳐지고 바뀌

김영준, 허유재 병원,
경기 고양, 2002.

162

어 가는 현실을 개탄했던 괴테, 에펠 탑의 건립을 극력 반대했던 모파상, 혹은 21세기 역시 빅토리아 양식에서 맞이할 수 있다는 찰스 황태자까지, 노스탤지어는 단순히 취향을 넘어 공동선의 영역으로 무장되어 때로 막강한 힘을 발휘하는 근거가 되기도 한다.

건축의 역사는 우리가 시대의 양식이라 이해하는 최종의 형태가 그 시기 삶의 요인이 만들어낸 결과임을 알려 준다. 더구나 모더니즘 이후 건축이 스스로 양식의 굴레를 벗어던진 이상, 형태에 기대는 판단기준은 설 자리를 잃은 것도 사실이다.

르 코르뷔지에가 발언했던 근대건축의 다섯 가지 원칙은 과거 비트루비우스, 알베르티(L. B. Alberti)의 관점과 달리, 조형의 번안이라기보다 그 시기 도시화에 따른 밀도의 집적을 해결하기 위한 조형의 대응이었다. 렘 쿨하스가 뉴욕을 대상으로 한 스터디에서 입증한 것은, 건축의 변화를 이끌어 온 원농력에서 법규나 상업 욕구 등 현실을 대응하는 자세가 훨씬 중요했다는 사실이었다.

세월이 흘러 이제 로마는 바로크의 유적이 조화된 도시가 되었고 에펠 탑은 파리의 상징이 되었다. 앞으로 런던은 하이테크의 도시로 변모할지도 모를 일이다.

가끔 의문이 든다. 아직 나는 늑대의 눈으로 건축을 바라보는지, 현실의 가치를 무시하고 노스탤지어의 관점으로 때늦은 입김을 불어대고 있지는 않은지, 그리고 벽돌과 다르다고 지푸라기와 나무의 가능성을 애써 쳐다보지 않고 있는지, 새로움이 주는 생경함에 겁을 먹고 있지는 않은지. 우화를 읽으면서 가끔 생각한다.

명품의 차별성 국내 모대학에서 주최한 외국 건축가들의 국제 현상설계 과정을 아주 가까이서 본 일이 있다. 국제적으로 명성이 자자한 세 명의 건축가가 선정되었고 훌륭한 자료가 제공되었으며 깔끔한 진행을 통해 잡음 없

김영준, 자하재와
자운재, 경기 파주
헤이리 아트밸리,
2004.

이 공정하게 심사가 진행되었다. 프랑스 건축가의 작업이 당선작으로 선정
되었다.

명품을 소장한다는 얘기와 이미지가 중요하다는 평가가 마음에 남았다. 공
공연히, 마치 건축을 쇼핑하듯이, 패션을 선택하듯이 차별성을 논의했다.
빌바오가 보여주었고 프라다가 보여주었고 삼성이 보여주었던 선례를 몇
가지 논의했다.

건축을 브랜드로 인식하는 일은 비단 우리만의 열병은 아니다. 과거 디즈니
랜드나 라스베이거스식의 키치적인 현상으로 치부하기에는 너무나 확산된
추세이다. 건축이 그 흐름에서 뿌리를 잃고 변이되고 단지 이미지로 살아
남는 일이 세계적인 흐름이기도 하다. 모두가 어떤 측면에서건 차별성을 얘
기하고 있다.

차별은 패션의 생명이라 한다. 유행의 요인이 그렇듯, 그것은 앞으로 가기

프랭크 게리, 빌바오 구겐하임 미술관, 스페인 빌바오, 1997.
차별은 패션의 생명이라 한다. 복고가 가능하고 퓨전이 중시되고 개성이 격려되는 구조이다. 건축이 그 판에서 얘기되고 있다.

도 뒤로 가기도 하면서 자신의 스펙트럼 내에서 적절한 변형을 선택하는 작업이다. 복고가 가능하고 퓨전이 중시되고 개성이 격려되는 구조이다. 건축이 그 판에서 얘기되는 것이다.

사실 도미니크 페로(Dominique Perrault)의 당선안은 그가 얘기하듯이, 그리고 학교에서 보증하듯이 자연과 어우러진 좋은 건축으로 마무리될 것이다. 예컨대 그의 프랑스 국립도서관이나 베를린 자전거경기장처럼, 심플하게 깨끗하게 세련되게 마무리될 것이다. 그것이 멋지고 아름답다고 얘기할 수 있고, 아주 기능적이고 안락하고 감동적인 건축이라고 평가할 수도 있다. 그것을 의심하지는 않는다.

하지만 그의 건축이 우리 시대 삶의 전형을 가까이한다고 생각지는 않는다. 우리 도시에서 벌어지는 상황에서 출구를 찾는 시도라고 인정하지 않는다. 중요한 담론을 만드는 계기라 기대하지 않는다. 더구나 대학이 시도하는 바람직한 건축의 자세라 생각할 수는 없다.

**도미니크 페로,
프랑스 국립도서관,
프랑스 파리, 1997.**
건축을 퀄리티로
평가하는 일이 낯선
것은 아니다.
아름다움이, 편안함이,
건실함이, 기능성이
건축을 평가하는 공통의
수단이기 때문일까.

차별을 무기로, 이미지를 배경으로, 바다 건너 다니는 패션 명품의 정의가 거기에 있다. 반복되는 주제, 기발한 아이디어, 현란한 디테일, 그리고 던져지는 완결성도 거기에 있다. 땅의 과제, 역사의 과제, 사회의 과제도 생략되고, 우리 삶과 현실의 다양성도 제거되고, 브랜드 이름과 순수한 공간과 정지된 조형과 이미지의 포장만이 거기에 있다. 그것일까, 건축의 정의가. 이제부터는… 의문이 남는다.

승효상(承孝相) 1952년생으로 서울대학교와 동대학원을 졸업하고 빈 공과대학에서 수학했다. 십오 년간의 김수근 문하를 거쳐 1989년 건축사무소 '이로재(履露齋)'를 개설하고, 4·3 그룹에 참여했다. 20세기를 주도했던 서구 문명에 대한 비판에서 출발한 건축철학 '빈자의 미학'을 바탕으로 작업하고 있으며, 수졸당(1993), 수백당(1998), 웰콤시티(2000) 등으로 여러 건축상을 수상했다. 파주출판도시 코디네이터로 건설을 지휘했으며, 미국건축가협회로부터 2002년 명예 펠로우 자격을 부여받았다. 2019년 아시아 최초로 오스트리아 학술예술 1급 십자훈장을 수여받았다. 2002년 국립현대미술관에서 주관하는 '올해의 작가'로 선정되어 「건축가 승효상」전을 가진 바 있다. 현재 '이로재' 대표로 있으며, 국가건축정책위원회 위원장으로 활동하고 있다. 저서로 『빈자의 미학』(1996), 『지혜의 도시/지혜의 건축』(1999), 『건축, 사유의 기호』(2004), 『지문(地文)』(2009), 『오래된 것들은 다 아름답다』(2012), 『묵상』(2019) 등이 있다.

정기용(鄭奇溶) 1945-2011. 서울대학교 미술대학 응용미술학과를 졸업하고 동대학원에서 석사학위를 받았으며, 프랑스 파리 장식미술학교(ENSAD) 실내건축과와 파리 제6대학 건축과, 파리 제8대학 도시계획과를 졸업했다. 프랑스정부공인건축사자격(DPLG)을 취득하고 개인사무실을 운영하다가 귀국하여 1986년 '기용건축'을 설립했다. 주요작품으로 기적의 도서관, 코리아나 아트센터, 무주 공공프로젝

트(다수), 영월 구인헌, 춘천 자두나무집 등이 있으며, 교보환경문화상, 한국건축가협회 특별상, 한국건축사협회 우수상 등을 수상한 바 있다. 「광주 비엔날레 2002」 프로젝트 4 큐레이터, 「베니스 비엔날레 2004」 한국관 커미셔너로도 활동했으며, 서울건축학교 운영위원, 한국예술종합학교 미술원 건축과 겸임교수, 문화개혁을 위한 시민연대 공동대표, 문화재위원 등으로 활동했다. 저서로 『사람 건축 도시』(2008), 『서울 이야기』(2008), 『감응의 건축』(2008)이, 역서로 『이집트 구르나 마을 이야기』(1988)가 있다.

조성룡(趙成龍) 1944년생으로 인하대학교 공과대학 및 동 대학원을 졸업하고 서울건축학교 교장을 역임했다. 2001년 의재미술관으로 한국건축문화대상을, 2003년 선유도공원으로 김수근문화상과 한국건축가협회상을 수상했으며, 「마당의 사상―신세대의 한국건축 3인」전(1989, 도쿄, gallery ma), 「s(e)oulscape 유럽순회」전(2008-2010) 등 여러 전시에 참가하였다. 현재 '조성룡도시건축' 대표, 성균관대 석좌초빙교수로 있으며, 대표작으로 아시아선수촌 및 공원(1986), 소마미술관(2004), 이응노의 집(2011)과 서울어린이대공원 꿈마루(2011) 등이 있다.

김인철(金仁喆) 1947년생으로 홍익대학교와 국민대학교 대학원을 졸업했다. 십사 년간의 엄덕문 문하를 거쳐 1986년 '인제건축'을 개설했고, 1995년 '아르키움(archium)'으로 이름을

바꾸었다. 전통에 바탕을 둔 공간 해석인 '없음의 미학'을 화두로 작업하고 있으며, 익산 어린이의 집(1996), 김옥길 기념관(1998), 펼쳐지는 집(2002) 등으로 건축가협회상, 서울시 건축상, 건축문화대상, 아시아태평양문화 건축디자인상을 수상했다. 1989년 「마당의 사상-신세대의 한국건축 3인」전(도쿄, gallery ma) 이후 4·3 그룹에 참여했으며, 「건축대전 초대작가전」(1986), 「4·3 그룹 건축전」(1992), 「한국건축 100년전」(1999), 「헤이리 아트밸리 건축전」(2002) 등을 통해 작업을 발표했다. 중앙대교수로 재직했으며, 현재 '아르키움' 대표이자 부산광역시 총괄건축가로 있다. 저서로 『김인철건축작품집』(1989), 『솔스티스』(1990), 『김옥길기념관』(1999), 『대화』(2002), 『공간열기』(2011), 『오래된 모더니즘』(2018) 등이 있다.

김영섭(金瑛燮) 1950년생으로 성균관대학교를 졸업하고 1982년 '(주)김영섭＋건축문화' 건축사사무소를 개설했다. 일본 도쿄 해상도시계획 '동풍 2000'과 신일본 행정수도계획 및 중국 심양의 어린이궁전 계획의 건축가로 초대된 바 있으며, 2004년 제4차 IAA 국제심포지엄 서울대회의 조직위원장을 지냈고, 2008년 초대 국가건축정책위원회에 선임되었다. 국제설계경기 2008년 서울동대문디자인플라자와 2012년 대구고산공공도서관 심사위원을 역임했다. 성균관대학교 건축학과 교수로 재직했으며, 2011년 스페인 마드리드(E.U.M) 대학과 국립 그라나다 대학에서 교환교수를 지냈다. 서울시 공공디자인 시민위원회 위원장과 행정안전부 디자인포럼위원회 위원장직을 수행했다. '세계 100명의 마스터 건축가' 시리즈 제53권(2003, 호주 이미지사)으로 작품집을 출간했으며, 『세계의 건축가 51인의 사상과 작품집』(2007, 일본 Art design pub.)에도 선정, 소개되었다.

민현식(閔賢植) 1946년생으로 서울대학교 건축과를 졸업하고, 공간연구소의 김수근, 원도시건축연구소의 윤승중 문하에서 실무를 익힌 후 영국의 AA건축학교에서 수학했다. 1992년 건축연구소 '기오헌(寄傲軒)'을 설립, 독자적인 건축활동을 시작했다. 국립국악중고등학교(1988), 의정부성약교회(1996), 신도리코 아산 공장(1994) 및 신도리코 본사(1997), 한국전통문화학교(1998), 파주출판도시 건축설계지침(1999)과 대전대학교 마스터플랜 등을 통해 이 땅, 이 시대 건축의 새로운 가능성을 모색하고 있다. 공간대상 건축상, 김수근문화상, 건축가협회 아천상, 엄덕문 건축상과 여러 차례 건축가협회상을 수상했으며, 2018 서울시 올해의 건축가로 선정되었다. 「베니스 비엔날레」(1996, 2002)에 참가했고, 「4·3 그룹 건축전」(1993), 미국 펜실베이니아 대학 초청 「비움의 구축」전(2003) 등의 전시를 가진 바 있다. 1997년부터 2012년까지 한국예술종합학교 미술원 건축과 교수로 재직했다. 저서로 『땅의 공간―땅의 형국을 추상화하는 작업』(1998), 『건축에게 시대를 묻다』(2006), 『민현식』(2012) 등이 있다.

이종호(李鍾昊) 1957-2014. 한양대학교 건축학과를 졸업하고 김수근의 공간연구소에서 십년간 건축수업을 했다. 1989년 '스튜디오 메타'를 설립하고 건축과 더불어 무대 디자인, 지역축제 기획, 문화시설 기획 등의 폭넓은 활동을 전개했다. 건축이 만들어내는 '장소'는 의미가 가득 찬 '현상적인 장소'와 전개의 과정이 계속되는 '사회적 장소' 사이에서 진동하며 균형을 확보할 수 있는 장소이어야 하며, 동시에 그것은 장소의 발생 그 이후를 기다리는 생성의 장소여야 한다는 생각으로 작업했다. 율전교회(1993), 홍천휴게소 팜파스(1994), 용두리 주택(1994), 명지대학교 방목기념관(1999) 등의 프로젝트로 건축가협회상, 건축문화대상, 아천상을, 바른손센터(1994)로 김수근문화상을, 박수근미술관(2002)으로 두번째 아천상을 수상했다. 광주비엔날레, 부산비엔날레, 베니스 비엔날레 등에 초대된 바 있으며, '스튜디오 메타' 대표, 한국예술종합학교 미술원 건축과 교수로 재직했다.

김준성(金埈成) 1956년 서울에서 태어나 브라질 상파울루 매켄지대학교에서 도시·건축대학을 졸업했다. 이후 미국에서 프랫 인스티튜트 건축대학을 졸업하고, 콜롬비아 건축대학원에서 건축학 석사학위를 받았다. 시드니 데 올리베이라(브라질), 메이어스 앤드 쉬프(미국), 알바로 시자(포르투갈), 스티븐 홀(미국)의 사무실에서 실무를 익히고, 1991년에 귀국하여 김준성 건축사무소를 열었다. 현재 건국대학교 건축전문대학원 교수로 재직하면서, 건축사무소 'hANd'에서 활동하고 있다. 대표작품으로 역삼동 주택, 파주 열린책들 사옥, 아트레온 멀티플렉스와 헤이리 한길 북하우스, 미메시스 아트하우스, 휴머니스트 사옥 등이 있다.

김종규(金鍾圭) 1960년생으로 연세대학교 건축공학과와 영국 AA건축학교를 졸업했다. 1993년 건축사무소 'M.A.R.U.'를 설립해 대표로 있다. 주요작품으로 성 프란시스 성공회 교회(1994), 순애원 치매요양시설(1997) 등이 있으며, 의재미술관(2001), 카이스 갤러리(2001) 등으로 김수근문화상, 엄덕문건축상을 수상한 바 있다. 「건축과 미술」전(1999), 「헤이리 아트밸리 건축전」(2002) 등 다수의 전시에 참여했으며, 북런던대학 건축연구소 책임 연구원을 거쳐 현재 한국예술종합학교 미술원 건축과 교수로 재직 중이다.

이일훈(李逸勳) 1978년 한양대학교 건축공학과를 졸업했다. 실무를 익히던 시절 '꾸밈 건축평론상'을 수상한 계기로 건축평론을 병행해 왔다. '불편하게 살자' '밖에서 살자' '늘여 살자'로 요약되는 '채나눔'을 설계방법론으로 작업해 오고 있다. 자비의 침묵 수도원(1994), 재색불이(1995), 기차길 옆 공부방(1995), 도피안사 향적당(2000), 하늘 담은 성당(2003), 밝맑도서관(2011), 성 프란치스코 평화센터(2015) 등의 작업으로 서울시 건축상, 크리악 어워드 등을 수상한 바 있다. 경기대 건축전문대학원 대우교수를 거쳐 '건축스튜디오' 후리 대표로 활동하고 있다. 저서로 건축작품집 『가가불이』(2000), 산문집 『모형 속을 걷다』(2005), 에세이집 『나는 다르게 생각한다』(2011), 『제가 살고 싶은 집은』(2012), 『이일훈의 상상어장』(2017) 등이 있다.

김영준(金榮俊) 1960년생으로, 서울대학교 건축과를 졸업하고 공간, 이로재, AA건축학교(런던), OMA(로테르담)를 거쳐 1998년부터 'YO2 도시건축'에서 도시와 건축의 중간 영역에 관심을 가지고 작업하고 있다. 주요작품으로 일산 허유재 병원(2002, 김수근 건축상), 헤이리 자하재(2005, 건축가 협회상, 뉴욕 MOMA 컬렉션 선정), 행정도시 기본구상(2005, 공동 1등), 가평 주거단지(2010) 등이 있다. 2010년 홍진기 창조인상(문화부문, 중앙일보사)을 수상한 바 있으며, 2011 광주 디자인비엔날레 광주폴리 큐레이터로 일했다. 한국예술종합학교, MIT(보스턴) 등에서 강의했고, 현재 파주출판도시 건축 코디네이터로 활동하고 있다.

건축이란 무엇인가

우리 시대 건축가 열한 명의 성찰과 사유

승효상 외

초판 1쇄 발행 2005년 12월 1일
초판 6쇄 발행 2019년 12월 20일
발행인 李起雄 **발행처** 悅話堂
경기도 파주시 광인사길 25 파주출판도시
전화 031-955-7000, 팩스 031-955-7010
www.youlhwadang.co.kr yhdp@youlhwadang.co.kr

등록번호 제10-74호 **등록일자** 1971년 7월 2일
편집 조윤형 **디자인** 공미경 **인쇄 제책** (주)상지사피앤비

Published by Youlhwadang Publishers.
© 2005 by Seung, H-Sang et al. Printed in Korea.
ISBN 978-89-301-0171-4 03610

이 도서의 국립중앙도서관 출판시도서목록(CIP)은
e-CIP 홈페이지(http://www.nl.go.kr/ecip)에서
이용하실 수 있습니다. (CIP제어번호: CIP2010000308)